creando a matisse

Un sistema eficaz para crear realidades

Dra. Michelle K. Nielsen

Creando a Matisse: Un sistema eficaz para crear realidades

Tercera edición enero de 2009
Primera edición octubre 2008 por Edición Personal, España
Segunda edición noviembre 2008 por Edición Personal, España

Copyright © 2009 Michelle Kathy Nielsen
Todos los derechos reservados en todo el mundo.

Obra coordinada por: Innate Publications | in8fire@gmail.com

Esta publicación esta protegida por el *US Copyright Act* de 1976 y todas las otras leyes federales, estatales y locales y todos los derechos están reservados incluidos los derechos de reventa.

ISBN: 978-0-615-23262-1

Aunque todo lo escrito en este libro está basado en hechos y experiencias reales, en ocasiones la autora ha combinado personajes y alterado levemente las conversaciones o el hilo de la historia para que la historia fluyera mejor.

Gran parte de esta publicación está basada en experiencias personales y hechos anecdóticos. Aunque la autora y la editorial han hecho todos los esfuerzos razonables para conseguir exactitud total de los contenidos de este libro, no asumen responsabilidad por los errores u omisiones. Debe usar esta información como encuentre apropiado y bajo su propio riesgo. Su situación puede no ajustarse exactamente a los ejemplos ilustrados aquí y debería ajustar su uso de la información y las recomendaciones de forma adecuada.

La intención de este libro es informar y entretener al lector; ninguna parte de este libro pretende reemplazar el sentido común y la prescripción legal, médica o de otro profesional.

Traductor: Miguel Iribarre | bhikkhu58@yahoo.es
Correcciones: Belén Álvarez | belenalvarez_1999@yahoo.com
Diseño de portada: Lucía Castillo | agapanto@hotmail.com
　　　　　　　　　Denisse Arredondo | adelin_denisse_g@hotmail.com
　　　　　　　　　Jill Cooper | jillcooper88@gmail.com
Diseño de interior: Jill Cooper | jillcooper88@gmail.com

www.CreandoMatisse.com; www.ManifestingMatisse.com

*Este libro está dedicado a Tahlia,
el mejor regalo de Navidad que jamás recibiré.*

Un mensaje de la autora

Antes de que empieces a leer *Creando a Matisse,* quiero compartir algo sobre mi propio desarrollo como Maestra Manifestadora de Realidades. Tengo la esperanza de que mi historia te ayude a hacerte una idea de quién es la persona cuyas palabras estás leyendo y, lo que es más importante, alguna idea de cómo podría avanzar tu propio desarrollo.

Con esto me refiero al posible camino, y no al ritmo de tu avance. Con la explosión de conocimientos sobre la manifestación que se está produciendo actualmente, y teniendo a mano mi sistema, probablemente podrás desarrollar tus habilidades con mucha más rapidez de lo que yo lo he hecho hasta la fecha.

Gracias a que me formé en el Método Silva Ultra-Mind y a que mi madre trabajaba muchas horas, en mi infancia dispuse de las herramientas y el tiempo necesarios para experimentar con la realidad. De hecho, empecé a usar las habilidades que comparto contigo en este libro para manifestar las cosas que quería y necesitaba: ropa, libros, lecciones y otros "extras", antes de salir de la escuela elemental. Cuando llegué a la escuela secundaria, el dinero y los recursos venían a mí constantemente, en un flujo cada vez mayor.

A medida que me hacía mayor, continué desarrollando mis habilidades de manifestación. Superé obstáculos significativos para estudiar una profesión: la quiropráctica, que me encanta y creé una próspera consulta quiropráctica antes de cumplir los treinta. Durante ese tiempo, también manifesté un compañero de vida excepcional, aventuras emocionantes, una reputación destacada como experta en mi campo y mucho, mucho más.

A lo largo de la última década he usado mis habilidades para acumular riqueza invirtiendo en propiedades inmobiliarias, mientras continúo expandiendo mi consulta, aunque he reducido mi horario considerablemente para reflejar mis prioridades como esposa y madre. He vivido un milagro tras otro en todas las áreas de mi vida.

Con cada visión que manifestaba, crecía mi capacidad de co-crear, principalmente porque hice del arte de manifestar el objetivo prioritario de mi energía emocional y mental.

Por tanto, no es sorprendente que hace un par de años empezara a compartir lo que sé con otros: como "entrenadora" de clientes privados, ofreciendo cursos y aconsejando a grupos de líderes en todos los aspectos del proceso de manifestación, y con mi sistema en particular.

Finalmente, en sólo un año, he usado mis habilidades para manifestar la visión más importante que he concebido nunca: liberar a mi hijo del severo retraso, del daño neurológico y de los problemas emocionales causados por su nacimiento extremadamente prematuro.

Al manifestar la curación de Matisse, he manifestado a mi hijo tal como verdaderamente es, la persona que estaba destinado a ser. Y me he manifestado a mí misma, una nueva visión de servicio… y el libro que ahora tienes entre las manos.

No me cabe duda de que cuando pongas en práctica en tu vida estos simples pasos, manifestarás una nueva visión para ti mismo, el tú que siempre estuviste destinado a ser… ¡Y muchos otros milagros!

¡Sujétate el sombrero! ¡Va a ser un viaje emocionante!

Resumen: Manifestación

Los seres conscientes hacen que surjan realidades específicas del océano (metafórico) de infinitas realidades posibles, dirigiendo consistentemente su energía emocional y mental hacia ellas.

Contenidos

Prefacio: Matisse V
Agradecimientos XI
Introducción 1

creando a Matisse   11

Paso Uno
Clarifica una visión   13

¿Qué quieres *realmente*? 16
Da un salto de fe 17
¡Clarifica, clarifica, clarifica! 18
Enuncia tu visión "en el ahora" 19
Enuncia tu visión en términos positivos 20
Establece una fecha de manifestación 21
Comparte tu visión con cautela 24
¿Dispuesto a seguir adelante? 24
¿Qué pasa si me quedo atascado? 24
¿Aún tienes dudas? ¡Márcate una fecha de decisión! 26
Resumen 28

creando a Matisse   29

Paso Dos
Escribe la visión   31

Prepárate para el viaje 35
¡Emprende tu viaje! 35
Conecta con tu deseo de servir 37
¡Escribe cosas "grandes" y atrevidas! 37
Escribe "en el ahora" y en términos positivos 38
Escribe con gratitud 38
Deja que tu alma expanda tu visión 38
Sigue el flujo en medio de giros inesperados 39
Tómate un descanso de entre 24 y 48 horas, y revisa 39
Lee el escrito de tu visión cada semana 44
Léelo antes de tomar decisiones importantes 45
Resumen 46

creando a matisse   47

Paso Tres
Crea un collage de la visión   49
¿Qué es un collage de la visión?................................. 51
Decide el "cuándo" y el "cómo"............................... 52
Elige un soporte 53
Reúne imágenes que te inspiren 53
¡Ten cuidado con los saboteadores! 55
¿Quieres alguna palabra de poder?........................ 56
Diseña tu collage 56
¿Tienes poco tiempo?... 57
"Toma" tu dosis diaria de visión............................... 57
Cuando se haya hecho real, suéltalo 59
Lleva el Paso Tres al siguiente nivel 59
Resumen 62

creando a matisse   63

Paso Cuatro
Desarrolla un plan de manifestación y ponte en acción   65
La acción es energía emocional... en movimiento 67
Haz una tormenta de ideas sobre papel 69
Elabora un "plan de puesta en marcha" 72
Juega a ganarle a tu plan 73
Un plan, no una predicción 73
Prémiate.. 74
Resumen 76

creando a matisse   77

Paso Cinco
Despeja espacio en tu mente y en tu vida   79
Gestiona con decisión tus tareas y actividades potenciales............ 82
Despeja tu vida.. 85
Mira tu vida a la luz de tu visión 90
Establece sistemas de apoyo 94
Desarrolla tu capacidad de gestionar tu vida 94
Resumen 96

creando a Matisse 97
Paso Seis
Conecta con tu espíritu   99
Establece tu conexión con la meditación 102
Prepárate para conseguir el éxito en la meditación 103
Explora diversas prácticas. 107
Recuerda: ¡Con un poco de práctica lo harás perfecto! 110
¿Que te ves sometido a más exigencias? ¡Más meditación! 110
Lee, pregunta y aprende. 111
Resumen 112

creando a Matisse 113
Paso Siete
Conecta conscientemente con la Inteligencia Universal   115
Conecta con la gratitud 119
Crea una lista personal de cosas por las que sentir gratitud 120
Lee diariamente tu lista personal de gratitud. 121
Revisa regularmente tu lista de gratitud 122
Desarrolla una lista de gratitud *específica para cada visión* 122
Conecta con la visualización 124
Dedica a la visualización entre 5 y 30 minutos al día 127
Visualiza en un estado relajado de conciencia de abundancia 128
Visualiza con fe y ríndete al poder superior 129
Estudia el proceso de visualización 129
Resumen 130

creando a Matisse 131
Paso Ocho
Retirar los bloqueos emocionales   133
Diseña afirmaciones específicas para tu manifestación 145
Cubre los puntos fundamentales con afirmaciones universales 146
Repite todas tus afirmaciones al menos de 20 a 30 veces al día 147
Convierte tus afirmaciones en parte de tu rutina diaria. 148
Siente o genera emociones positivas al repetir las afirmaciones 148
Sumerge tu cerebro relajado en afirmaciones 149
¿Y qué pasa si la meditación y las afirmaciones no son suficiente? 150
Reencuadra tu pasado 150
Resumen 154

creando a matisse 155

Paso Nueve
Acumular fe y rendirse — 157
- Doblarse sin romperse — 159
- Nutre las relaciones que incrementan la fe — 160
- Elige "medios de comunicación que favorezcan la manifestación" — 161
- Lleva un diario de tu proceso de manifestación — 162
- Pide una señal al universo — 163
- Confía en la sabiduría del universo — 165
- Ríndete verbalmente — 166
- Resumen — 168

creando a matisse 169

Paso Diez
Revisa y re-visiona — 171
- Hazlo más grande y más atrevido… ¡o rehazlo de nuevo! — 174
- Clarifica tus visiones para cada área de tu vida — 176
- ¿Deprimido o desinflado? ¡Conecta con la visión! — 177
- Tómate tiempo para el retiro y la reflexión — 178
- Sé mentor de otras personas y asóciate con otros en este proceso — 180
- Mejora tu vida con "mini-manifestaciones" — 181
- Observa cómo los pasos se convierten en parte natural de tu vida — 183
- Resumen — 185

Conclusión: ¡Manifestar un nuevo mundo! — 187
Los diez pasos de un "vistazo" — 191
Recursos Recomendados — 193
Bibliografia Seleccionada — 201

Prefacio: Matisse

Oigo a Matisse agitarse y llorar en su habitación y miro el reloj. Son las 6:15 horas. Un cálculo rápido me confirma que sólo he dormido cinco horas desde que di la última comida a Tahlia. Su llanto se hace más audible por momentos. A menudo se despierta en este estado de agitación.

Salgo de la cama y me dirijo hacia su habitación, esperando ser capaz de confortarle. Sin embargo, cuando me ve abrir la puerta, reacciona como suele hacerlo, gritando: "¡N-n-no! ¡N-n-no! ¡Tú! ¡N-n-no!". Me acerco a él y trato de darle un abrazo que ayude a calmarlo, pero me aparta. Sus brazos flaquean, está enrabietado.

Tengo los ojos llenos de lágrimas. ¿No está el lugar de una madre al lado de su hijo, confortándole? ¿No es un deseo natural de todos los niños pequeños que su madre les abrace, les quiera y disipe sus miedos? Bueno, parece que Matisse está desarrollándose a toda velocidad, al menos en un aspecto: ya detesta a su madre tanto como podría hacerlo un adolescente. Y parece que siempre se ha sentido así. A estas alturas ya debería estar acostumbrada. El rechazo no debería afectarme tanto, una y otra vez. Pero me afecta.

No puedo dejar de ir a él, de esperar, de rezar, de intentar forjar una conexión con mi hijo, este hijo que deseo, por encima de todo, tener en mis brazos. A veces se muestra enfadado y temperamental con otros, pero a mí me rechaza consistentemente. "¡P-a-p-á! ¡P-a-p-á!" dice llorando, reclamando la presencia de su padre. El hecho de que tartamudee menos cuando está disgustado no nos reconforta lo más mínimo.

Mientras su padre viene por el pasillo hacia nosotros, mi mente repasa todas las razones por las que Matisse podría sentir lo que siente hacia mí, todas las explicaciones que los médicos y otros especialistas me han dado sobre su conducta. Fue extraído de mi vientre seguro y cálido tres meses antes de que su cuerpo y su espíritu estuvieran preparados para afrontar el mundo externo. Pasó los tres meses siguientes en una incubadora, casi completamente aislado de cualquier contacto humano. Era demasiado frágil para que pudiera sostenerlo en mis brazos hasta dos meses después de su traumático nacimiento. Todo esto dio como resultado un "vínculo suficiente", un término demasiado frío y cruel para mi.

Y ahora está enfadado y frustrado por sus limitaciones cada vez mayores, y se lo echa en cara a la persona con la que, paradójicamente, está más conectado: su madre.

Cuando Adrián entra en la habitación y se sienta en la cama de Matisse, éste deja de llorar, va hasta mi marido, le da un gran abrazo y se acomoda en su brazos.

El resto de la mañana se desarrolla con la tónica habitual: Matisse me rechaza y se rebela contra mí. Y a esa hora de la mañana en la que intentamos salir de casa se me hace tan larga como tres o cuatro. Siento un alivio culpable cuando le dejo en manos de su profesora tras nuestro tenso paseo hasta el colegio.

Mientras vamos hacia el trabajo, el taxista me pregunta:

—¿Le importa si escuchamos la radio?—y yo suspiro mientras inclino mi cabeza contra el respaldo.

—Bien.

Poco después de elegir una emisora, los compases de una dulce balada que no he oído en casi cinco años inundan el coche y me transportan en el tiempo…

Era el verano de 2002, mi marido Adrián y yo estábamos relajándonos felizmente en una preciosa playa española después de un mes muy ajetreado en la consulta. De vez en cuando uno de los dos pasaba la mano sobre mi vientre cada vez más abultado, y ambos sonreíamos:

—¡Cualquier día debe empezar a notársete más!—me aseguró varias veces. Mi vientre aún estaba tan plano que una camisa suelta o un jersey ocultaban mi embarazo.

De repente me sentí mareada y tuve náuseas.

—Creo que tengo que irme del sol—dije.

Cogimos las cosas y nos fuimos hacia el coche. Cuando giré la llave para abrir el maletero, empecé a perder líquido. No goteaba, *salía a chorros*. Me miré los pies. Éstos, y el suelo debajo, eran de color carmesí brillante. Tenía sangre por todas partes. En el transcurso de un latido me di cuenta de que mi vida nunca volvería a ser la misma.

Estuve 16 horas pasando de la conciencia a la inconsciencia antes de abrir los ojos definitivamente para contemplar la cara bondadosa y preocupada del médico.

—Señora Nielsen—dijo amablemente—, su vida está en peligro, y también la de su bebé. Siento comunicarle que tenemos que acabar con su embarazo cuanto antes o sacar al niño lo antes posible. Si decide no acabar con la vida de su bebé, debe saber que tiene pocas probabilidades de sobrevivir. Y si sobrevive, debe estar preparada para ser la madre de un niño con necesidades especiales. Es posible que sea ciego o sordo, o podría sufrir parálisis cerebral. Probablemente será retrasado, tal vez mucho.

Matisse sobrevivió. Sólo pesó 800 gramos, y era tan pequeño que cabía fácilmente en una mano, y tan frágil que los médicos nos dijeron que no podíamos tocarlo en absoluto. Posteriormente una de mis amigas dijo que tenía el tamaño de una "taza de té", y su descripción era precisa. Cuando por fin pude verle tres días después de nacer, me sentí desolada. No podía creer que hubiera alguna esperanza real de llevarlo algún día a casa. Todo mi cuerpo ardía en deseos de tenerlo en mis brazos.

Hay bebés prematuros, bebés muy prematuros y bebés extremadamente prematuros. Con sólo 29 semanas de gestación cuando nació, Matisse era un bebé extremadamente prematuro. Que sobreviviera fue un milagro, y dimos las gracias a Dios y al Universo por ello. Pero sus tres primeros meses vida, que pasó en el hospital, fueron, como mínimo, duros y traumáticos.

El día que por fin le trajimos a casa, sentimos que nuestras vidas empezaban. Y también empezó nuestra lucha como familia. Después de ser un bebé tenso y difícil de aliviar (¿quién no lo sería con sus comienzos?), Matisse pasó a ser un niño frágil y frustrado. Hasta la edad de tres años y medio, sus horas de vigilia estaban marcadas por una lucha constante por mantener la cabeza erguida sobre su fino y subdesarrollado cuello y sus hombros. Cuando su cuerpo se fortaleció suficientemente para aliviarle de esta inmensa tarea diaria, su padre y yo también nos sentimos aliviados.

En todo momento, y durante años, observamos y esperamos. Contuvimos la respiración, apartando los ojos de los indicadores que marcan el desarrollo normal, que llegaban muy lentamente o no lo hacían en absoluto. Le dimos ajustes quiroprácticos, comida saludable y lo quisimos. Le compramos juguetes educativos y otras herramientas, y tratamos de interesarle en ellos, con poco efecto. Jugamos con él, trabajamos con él, leímos con él…

Ahora, casi cinco años después del nacimiento de mi hijo, voy de camino al trabajo, escuchando la canción que sonaba en la radio el día que la sangre me cubrió los pies en la playa. Recuerdo los primeros días y semanas de su vida.

No pienso en cómo seguimos haciendo todo lo que he descrito anteriormente, aunque nada parece cambiar nunca. No pienso en cómo hacemos ver que simplemente va un poco retrasado y que pronto se pondrá a la altura.

—Está hablando mejor, ¿cierto?—dice uno de nosotros, y el otro siempre concede.

No pienso en que sus "mejoras" se miden en milímetros, mientras que otros niños de su edad progresan a saltos. No estoy pensando en estas cosas porque no puedo.

Pero muy pronto tendré que pensar en ellas. Y cuando afronte la verdad, no me partiré en dos, como temía... Me romperé. A partir de ahí empezarán a ocurrir los milagros...

Agradecimientos

Quiero dar las gracias a toda mi familia y a mis amigos por su apoyo en este proyecto. Un agradecimiento especial para Baba y Tía por estar siempre allí para Matisse y Tahlia y para mi compañero en la vida, Adrián, por creer siempre en mí más de lo que yo soy capaz de creer en mí misma.

Gracias al equipo de Solana por "vigilar la casa", al equipo de mi casa, al equipo de SCB, a todos los escritores, a los mentores y conferenciantes que me han inspirado y me iniciaron en este viaje, especialmente los pioneros de mi profesión y de estas ideas: B.J. Palmer y D.D. Palmer, y que aparecen mencionados en los *Recursos Recomendados*.

Y un sincero y gran agradecimiento para mi correctora y profesora de escritura Michelle Rée, por su increíble creatividad, genialidad e inspiración.

La obra de arte auténtica no es sino una sombra de la perfección divina.

～ Michelangelo
Pintor, escultor, poeta, arquitecto e
ingeniero renacentista italiano (1475–1564)

Introducción

Los Maestros Manifestadores y tú

Gracias a una combinación de rasgos personales, formación y experiencias de vida, un pequeño porcentaje de ciudadanos del mundo han adquirido un conjunto importante de habilidades de manifestación, simples pero altamente eficaces.

Trabajando sincronizadamente, estas habilidades les permiten dirigir una energía emocional y mental positiva hacia las realidades que desean, produciendo un flujo poderoso que raras veces se interrumpe.

Estos hombres y mujeres son capaces de llevar sus visiones a la realidad, de "realizar sus sueños" de manera consistente.

Son innovadores, empresarios, atletas y gerentes. Son artistas del celuloide, productores cinematográficos, comunicadores, líderes políticos, inventores y activistas... Son hombres y mujeres de todas las procedencias que viven activados por el propósito y por experiencias de realización personal que pocos de sus pares conseguirán.

Les damos el nombre de "modelos de rol" o de "historias exitosas".

Son los Maestros Manifestadores.

Muchos de ellos acaban desarrollando sus habilidades hasta tal punto que transforman las realidades de todos los seres humanos del planeta, así como el planeta mismo.

Entonces les llamamos visionarios, líderes transformadores, agentes de cambio, e incluso santos.

Algunos son famosos. Otros son prácticamente desconocidos más allá de sus círculos familiares y de amigos. Algunos son ricos. Otros simplemente viven con comodidad. Algunos usan sus habilidades principalmente para gratificarse a sí mismos, y otros ponen sus habilidades al servicio de los demás, y apenas les interesa su beneficio personal.

Según creo, la mayoría de ellos usan sus habilidades de manera equilibrada, para vivir sus vidas de la mejor manera posible y ayudar a otros a hacer lo mismo.

Sus personalidades, visiones, talentos y creencias son tan variados como sus sueños.

Pero todos ellos tienen una cosa en común: la capacidad de sacar sus sueños del ámbito de la posibilidad y llevarlos al reino de la probabilidad, hasta que emergen a la realidad tal como la conocemos.

No son más listos, ni tienen más dones o talento que otras personas. No son mejores, más santos o más "avanzados espiritualmente". Ciertamente no han hecho más méritos que cualquier otro. Entonces, ¿qué es lo que ellos tienen y les falta a sus amigos? Nada, excepto conocimientos prácticos sobre el arte de la manifestación.

Si no has "hecho tus sueños realidad", si no has manifestado tus visiones para tu vida o para el mundo, debes saber que no es culpa tuya. No eres inadecuado ni estás destinado a experimentar o a conseguir menos de lo quieres. Simplemente te faltan una o dos de las habilidades que tienen los Maestros Manifestadores. Por eso, ellos pueden alcanzar con facilidad:

Introducción

Amor	Cambio	Posesiones	Sabiduría
Éxito	Reconocimiento	Influencia	Energía
Estatus	Relaciones	Liderazgo	Tiempo
Justicia	Arte	Curación	Riqueza
Fama	Comercio	Salud	Paz

… cualquier cosa que deseen en sus vidas o en el mundo.

Sí, si ahora no estás manifestando lo que deseas en tu vida o en el mundo, estás operando con un déficit en tus habilidades de manifestación. Pero ésta es una buena noticia. Todas y cada una de las habilidades que necesitas pueden aprenderse. Cada una de ellas puede ser dominada con un poco de práctica. Y las manifestarás usando el sistema de creación de la realidad que presento en *Creando a Matisse*.

El simple hecho de practicar estas habilidades te permitirá empezar a formular y llevar a la realidad las visiones que deseas para ti mismo, tus seres queridos y el mundo. ¿Y qué pasará cuando se conviertan para ti en tu segunda naturaleza? ¡Ten cuidado! Tu vida y tu realidad cambiarán de manera drástica. Nunca serás el mismo, y tampoco lo serán las personas que te rodean, ni el mundo.

Ahora, antes de ponernos a trabajar, me gustaría compartir contigo algunas ideas respecto a por qué pueden haber fallado en el pasado tus intentos de crear las realidades que deseas.

Cuando entiendas por qué aún no te has convertido en un Maestro Manifestador, entenderás por qué puedes conseguirlo siempre que dispongas de las herramientas adecuadas.

Y eso te dará la motivación que necesitas para tener éxito con este programa.

- ◆ Es posible que sepas más o menos de lo que necesitas para triunfar.

    Muchos de los profesores espirituales más conocidos son artistas consagrados de la manifestación con una vocacion casi profética. Su misión es prepararnos para el dominio de la manifestación, abriendo nuestros ojos a sus principios fundamentales y a nuestro propio potencial co-creador. Muchos de ellos enseñan técnicas avanzadas a personas que ya dominan un amplio conjunto de técnicas simples, ayudándoles a avanzar al nivel siguiente. Esto nos deja con una brecha significativa en el sistema educativo en lo tocante a lo *básico*, al ABC de la manifestación que la mayoría de nosotros aún tenemos que aprender.

Creando a Matisse es la "formación básica" que necesitas para sacar el máximo partido a las enseñanzas que has recibido hasta ahora.

- Es posible que en el pasado te hayan dado demasiadas opciones para aplicar los principios de manifestación.

Hay un motivo por el que la Nueva Coca-Cola y la Coca-Cola clásica nunca podrán coexistir: un exceso de opciones conduce a no decidir. La mayoría de nosotros, cuando se nos dan varias opciones para aplicar un principio que hemos aprendido en un libro o seminario, *simplemente no aplicamos ninguna de ellas*. Nos perdemos en las posibilidades y nunca encontramos nuestro camino a casa. Por otra parte, si nos dicen: "Haz esto, sólo esto, y te sentirás contento de haberlo hecho", es mucho más probable que lo realicemos.

En *Creando a Matisse*, os doy tan pocas opciones como puedo para aplicar cada paso, de modo que siempre sabréis qué hacer, y cuándo lo habéis completado.

- Es posible que hayas sentido demasiado miedo para intentarlo.

Debido a las decepciones y fracasos del pasado, es posible que tengas miedo de volver a exponerte y exponer tus sueños. Tal vez hayas llegado a creer que tienes un problema, un gran problema. Eso complica la posibilidad de hacer un cambio y de mantenerlo en el tiempo. Lo cierto es que no hay ningún problema en absoluto. Sólo hay un *rompecabezas*. Y hasta que no tengas todas las piezas en su lugar, la imagen seguirá estando incompleta.

Introducción

Creando a Matisse es un programa completo de creación de la realidad que te ayudará a completar tu rompecabezas de la manifestación (¡incluyendo las piezas que te ayudan a mantener los hábitos recién adquiridos a lo largo del tiempo!).

- Es posible que, sin sospecharlo, hayas usado libros y películas sobre la manifestación de manera más adictiva que proactiva.

   La literatura sobre el desarrollo personal puede usarse para cambiar tu vida. También puede ser útil como herramienta para reconfortar. El lenguaje animado y positivo de la mayoría de los libros de autoayuda produce pensamientos y emociones positivas que en sí mismas son muy satisfactorias. Por eso, durante unos minutos o unas horas el simple hecho de leer un libro sobre cambiar tu vida puede parecer casi tan bueno como hacer algo para cambiarla.

   Creando a Matisse es un programa práctico, cuidadosamente diseñado para sacarte de la adicción y ponerte en acción.

- Es posible que te hayas especializado en especializarte.

   Lo que más nos gusta a los seres humanos es usar las habilidades que ya hemos dominado y desarrollar más habilidades en las competencias que nos resultan fáciles. A las redes neuronales naturales de nuestro cerebro les gusta hacerlo así. Es mucho más divertido para ellas disparar nuestras sinapsis en las mismas direcciones una y otra vez, en lugar de invertir tiempo y esfuerzo en formar nuevas rutas. Y eso hace que sea más divertido para nosotros.

   El proceso de diez pasos que se presenta en *Creando a Matisse* exige que practiques todas las habilidades de manifestación esenciales (incluyendo aquellas que al principio te resultan incómodas), hasta que las domines... sin atajos.

   Es posible que nunca llegues a ser un gran planificador, pero puedes aprender a planear suficientemente bien como para actuar conscientemente en función de tus visiones. Es posible que nunca llegues al Nirvana, pero puedes aprender a meditar lo suficientemente bien como para transformar profundamente tus pensamientos. Es posible que nunca te liberes de una aguda sensibilidad emocional. (¿Y por qué querrías hacerlo, cuando llena tu corazón de compasión por los demás?). Aún así, puedes llegar a ser lo suficientemente libre como para manifestar visiones que, en otro caso, el miedo o el dolor no resuelto te impediría plasmar en el mundo.

¿Y quién sabe? Incluso es posible que desarrolles un romance prolongado con las habilidades que más detestas a primera vista, cuando veas la diferencia que suponen en tu vida y en tu capacidad de manifestación.

Verás los mayores resultados de este programa dedicando la mayor parte de tu tiempo y atención a los pasos que menos te gustan la primera vez que los ves.

Sacar el máximo partido de este sistema

Creando a Matisse es un libro muy práctico, basado en los principios de la creación de la realidad espiritual-cuántica que han emergido a la conciencia popular a lo largo de los últimos años.

Sí, películas como *¿Y tú qué sabes?* y *El Secreto* han hecho que la ciencia que está detrás del proceso de manifestación sea comprensible y accesible para legos como tú y como yo.

Pero la mayoría de nosotros necesitamos más: necesitamos formación práctica en el arte de la manifestación. Porque eso es lo que es: un arte. Es un proceso creativo motivado por la inspiración y llevado a cabo mediante un conjunto de habilidades aprendidas.

Sí, el científico comprende por qué estos elementos al mezclarlos con aquellos se convierten en pigmento azul. Pero el artista entiende cómo coger un pincel y crear algo nuevo, algo original.

El científico entiende los principios físicos que hacen que el color se pegue al lienzo, pero el artista sabe pintar.

El científico sabe por qué la visión puede convertirse en realidad. El artista tiene la habilidad de hacerla realidad.

Como la manifestación es el arte fundamental, el manantial del que fluye toda creación (incluyendo la que se expresa a través de las bellas artes), he usado el arte como metáfora fundamental en este libro. De hecho, introduzco cada paso de este libro con palabras inspiradas por varios artistas.

También, el título de este libro estuvo inspirado en el gran artista francés, Henri Matisse. No sólo es el nombre de mi hijo, sino que es uno de mis artistas preferidos. Henri Matisse fue probablemente el pintor europeo más innovador e influyente del siglo XX. Fue un explorador creativo tan dedicado a ser mentor de otros artistas como a su propio trabajo.

ADAPTA EL LENGUAJE ESPIRITUAL A TU VOCABULARIO PERSONAL

Los principios que se presentan en *Creando a Matisse* se encuentran en todas las principales religiones y vías espirituales del mundo, y eso incluye tanto a las personas que tienen un concepto de Dios como a las que no. Y han recibido el apoyo de científicos de todas las tendencias espirituales, del ateísmo al agnosticismo, del cuestionamiento a la convicción, del universalismo a la religiosidad y el conservadurismo profundo.

He enseñado estas técnicas a agnósticos, a gente de la Nueva Era, a cristianos, judíos, budistas y otros, con muy poco o ningún conflicto filosófico. Si bien estos principios resultan cómodos por ofrecer una especie de "talla única" para todos, el modo de describirlos varía ampliamente de un grupo a otro, e incluso de una persona a otra.

Lo que la palabra Dios significa para ti puede ser muy diferente de lo que significa para mí. Y lo que significa para nosotros puede tener muy poco parecido con lo que significa para nuestras madres, nuestros mejores amigos, ministros o profesores. Y lo mismo es válido para la palabra "Universo" y otros términos espirituales como "Fuente", "Espíritu", "Fe" e incluso "Oración".

Como aprendí durante la creación de este libro, tratar de reflejar la orientación única de cada lector potencial hace que, como mínimo, la escritura resulte pesada y la lectura farragosa. De modo que simplemente he procurado ser tan incluyente y abierta como he podido, sin sacrificar el flujo del mensaje contenido en cada paso.

Por favor, traduce lo que leas a aquellos términos que te ayuden a incorporar la espiritualidad de este libro.

Empieza con una única visión (inicial) y ve añadiendo más con el tiempo

Te sugiero que leas todo el libro y después vuelvas al principio y apliques cada paso del proceso a una única visión. Después de haber trabajado cada uno de los pasos, empieza a usar este proceso para manifestar otra visión o dos en tu vida.

Seguidamente, cuando hayas manifestado dos o tres visiones, o las tengas casi manifestadas, amplía. Empieza a manifestar varias visiones simultáneamente, hasta llegar a seis u ocho.

Conviértete en un alumno de la manifestación y explorador co-creativo

Creando a Matisse es, por definición, un sistema que sintetiza técnicas de muchas prácticas y disciplinas. No hay manera de que un libro tan ambicioso pudiera hacer justicia a todos los temas que aborda.

Por lo tanto, he incluido la sección de *Recursos Recomendados,* en la que encontrarás libros, programas, grabaciones, páginas web y otras herramientas óptimas para ayudarte a crecer en todos los aspectos del proceso de manifestación. Pero no te detengas ahí: con el tiempo conviértete en un explorador co-creador y busca recursos para llevar tu desarrollo a niveles superiores.

Introducción

Visita www.CreandoMatisse.com

www.CreandoMatisse.com es una página web diseñada para ayudarte a desarrollarte como Maestro Manifestador. No tienes que visitar la página para convertirte en Maestro Manifestador, pero espero que te dejes caer por allí con frecuencia y saques el máximo partido a la inspiración, a la información y a los recursos que te ofrece.

A propósito, como verás cuando leas los próximos capítulos, algunos de los pasos tienen fuertes componentes visuales. Compartimos ejemplos de todos ellos en nuestra página, y sé que te resultarán muy útiles.

Continúa con "el programa" durante al menos 90 días

¿Cómo se come un elefante? Del mismo modo que se come un plátano: bocado a bocado. ¿Cómo llegas a ser un Maestro Manifestador? Llevando a cabo una experiencia de aprendizaje tras otra. Las claves para alcanzar la maestría de la manifestación no son el talento, la inteligencia, las hazañas espirituales, la energía, el enfoque o la intuición. Son la *consistencia* y la *perseverancia*, que están a disposición de todos nosotros en igual medida, a cada momento.

Un año contemplando una flor, 5 o 10 minutos al día, te transformará de un modo que un ashram no podría conseguirlo en un mes. Asimismo, un año de aplicación consistente e imperfecta de estos pasos desarrollará tus habilidades de manifestación mucho más que un mes o dos de intenso esfuerzo.

¿Y noventa días de aplicación consistente? Bueno, verás tantos cambios en tu vida cuando concluyan esos 90 días que no querrás dejarlo.

¿Y qué pasa si te desvías del camino en un paso u otro? ¿Y si te caes? ¿Y si cometes errores? *Bienvenido al club.* Se trata de un club muy exclusivo, entre cuyos miembros me cuento, así como todos los Maestros Manifestadores, los gurús, los patosos y cualquiera que se haya sentido inspirado a aprender una serie de habilidades nuevas. Siempre que vuelvas a ponerte de pie y te dediques a aplicar los pasos otra vez, lo conseguirás. Lo que genera los resultados es la constancia, no la perfección.

Toma ahora mismo la decisión de dedicar a este proceso tiempo, atención y energía de manera consistente durante al menos 90 días, y después mantén el compromiso y observa cómo se transforma la realidad ante tus ojos.

Tienes el poder del Universo dentro de ti. Lo único que tienes que hacer es presentarte, aplicar estos simples pasos y se producirán milagros. *Se producirán.*

Ahora, ¡empecemos!

creando a Matisse

Estamos reunidos con la profesora de Matisse y yo estoy sentada delante de ella, con el pulso acelerado y el estómago revuelto mientras le oigo decir: "Estamos muy preocupados por Matisse. No está progresando adecuadamente". Dejo de oír. No puedo seguir concentrándome en sus palabras. Esto me confirma muchos detalles que otros nos habían comentado y que nosotros habíamos observado: Matisse no habla, aún camina y actúa como un bebé.

Como la aceptación misma de Matisse en esta prestigiosa escuela se produjo en base a su estatus de niño con necesidades especiales, las palabras "progreso adecuado" no reflejan los criterios más exigentes. Pienso que a llegado el momento cuando tendremos que buscar un colegio apropiado para él. La situación es peor de lo que mi marido y yo hemos estado dispuestos a admitir. La cruda realidad destroza los últimos jirones del escudo de mi negación, que ya se estaba viniendo abajo. Algo dentro de mí, ahora desprotegido, se rompe.

Empiezo a llorar incontrolablemente, y la profesora se siente azorada. A los pocos minutos consigo calmarme, me pongo las gafas de sol para ocultar mis ojos rojos y voy para casa. He estado soñando, pero ahora estoy despierta. ¡Completamente despierta!

Cuando llego a casa, salgo a la terraza de atrás para hacer mi meditación vespertina. Al principio me bombardean pensamientos de miedo y sentimientos de desesperanza, pero, al rato, mi mente se aquieta y se detiene. El dolor de mi corazón se alivia, y las ansiedades del pasado y el miedo al futuro se funden en el ahora. Aquí, todo está siempre bien.

Cuando abro los ojos, me siento fuerte y centrada. Oh, en mi realidad material todo sigue igual, pero yo soy una persona diferente. "¡Esto no va a ser así!", pienso con determinación y un sentimiento cercano a la alegría. "Ésta no va a ser la realidad de mi familia. Voy a usar mi proceso de manifestación para crear una realidad diferente para nosotros. ¡Matisse será un niño sano y se desarrollará normalmente!"

Paso Uno
Clarifica una visión

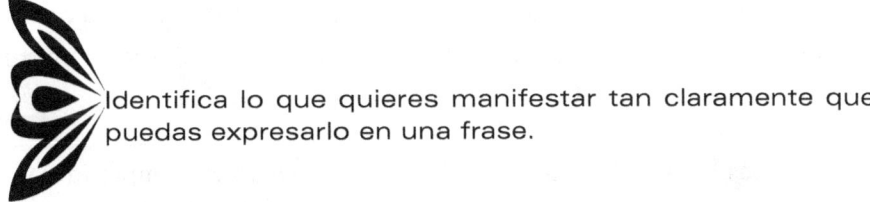Identifica lo que quieres manifestar tan claramente que puedas expresarlo en una frase.

El artista debe crear una chispa antes de poder hacer un fuego y antes de que nazca el arte, el artista debe estar dispuesto a ser consumido por el fuego de su propia creación.

— Auguste Rodin
Escultor francés (1840–1917)

- ¿Qué sueño o deseo quieres pintar y plasmar en tu realidad o en el mundo?

- ¿Quieres empezar un nuevo negocio, encontrar un compañero/a, salvar una especie en peligro de extinción o ponerte en forma?

- ¿Quieres curarte del trauma emocional, superar la devastación de un adulterio, acabar de una vez por todas con el hábito arraigado de agradar a los demás o acabar con el hambre en el mundo?

- ¿Quieres volver a la universidad, comprarte una casa nueva, ayudar a construir una nueva escuela, acabar tu tesis doctoral o hacer avanzar significativamente la causa de la paz?

- ¿Quieres escribir un libro, hacer una película, exhibir tus obras de arte, abrir tu propia empresa u organizar una misión humanitaria en un país del tercer mundo?

- ¿Quieres hacer el tránsito hacia un estilo de vida sana, emprender una nueva etapa en un país extranjero o ponerte de pie sobre un glaciar (aunque siempre te hayan dado miedo las alturas)?

"¡Conviértete en el artista de tu propia vida!"

Hace unas décadas, cuando este lema se popularizó, los físicos cuánticos estaban a punto de descubrir lo que los videntes han sabido siempre: nosotros *somos* los artistas de nuestra propia vida. Manifestamos la realidad a través de nuestros pensamientos y de las emociones que les acompañan.

Tú *eres* el artista de tu propia vida. Yo *soy* la artista de la mía. Juntos, co-creamos el *mundo*. Tanto si tenemos habilidad con los pinceles como si no, pintamos lo que experimentamos en nuestras vidas y en las vidas de los que nos rodean, así como en las de aquellos que están a continentes de distancia.

Todo lo que ha llegado a manifestarse alguna vez en la realidad vino a ser porque artistas creadores como nosotros dirigimos nuestra energía emocional y mental hacia ello. Todo lo que se *manifestará* alguna vez en la realidad llegará

Paso Uno | Clarifica una visión

aquí del mismo modo: a través de los canales que abrimos en nuestras mentes y corazones. Sin embargo, la mayor parte de este trabajo creativo se produce *inconscientemente*, a través de los hábitos de pensamiento y sentimiento que hemos establecido a lo largo de nuestra vida.

Cuando tomas la decisión de trabajar con el universo, para dar entrada en tu vida o en el mundo a algo que no forma parte de tu realidad actual, haces que este proceso de creación *inconsciente* se haga *consciente*. *Creas una visión*.

Cuando creas una visión, das a tus pensamientos, sentimientos y acciones; la dirección que necesitan para empezar a pintar la realidad que deseas y traerla a la existencia.

Cuando aprendas este sistema de manifestación, manifestarás *muchas* visiones. Algunas serán tan modestas como encontrar el atuendo adecuado para una ocasión importante, o acabar un proyecto laboral a tiempo. Otras serán mucho más ambiciosas y atrevidas. Podrían incluir curar tu cuerpo de una enfermedad terminal, generar una fortuna o asociarte con otras personas para acabar con el calentamiento global.

En cualquier caso, la primera visión que manifiestes usando estas herramientas siempre tendrá un lugar especial en tu memoria. A través de ella descubrirás tu verdadero poder de cambiar tu vida. Empezarás a desarrollar las habilidades que te fortalecerán para poder hacer realidad más visiones con creciente *eficacia* y *eficiencia*. Darás los primeros pasos en el camino de hacerte un Maestro Manifestador. Y lo que es más importante: vislumbrarás tu potencial como co-creador *consciente* del *mundo*.

Y todo ello empieza cuando *clarificas* tu visión, aquí, en Paso Uno.

LOS CIENTÍFICOS DICEN

Las visiones nos preparan para nuevas experiencias

"Las visiones crean un estado integrado de preparación, un acoplamiento de nuestros sistemas neurales para estar en la modalidad de esa visión específica: podemos prepararnos para recibir, para sentir, para enfocarnos, para comportarnos de cierta manera."

— Daniel J. Siegel, MD
*The Mindful Brain:
Reflection and Attunement in the Cultivation of Well-Being*

¿Qué quieres *realmente*?

Cuando pienses en tus sueños y deseos, deja de lado los juicios. ¿Qué pedirías si Dios (¡o la Diosa!) te llamara por el teléfono mágico de la manifestación celestial y te dijera: "Nómbralo. Lo que realmente quieras. ¡Es tuyo!"? ¿Cómo responderías si supieras que esa pregunta no puede tener respuestas equivocadas, siempre que surjan de tu esencia, de la verdad de tu ser?

En alguna parte de ti puedes desear que tus anhelos sean altruistas, tan evidentemente santos y desinteresados como los del Dalai Lama o los de la Madre Teresa. Podrías desear que fueran más ambiciosos para agradar a tu pareja, o podrías desear que se alinearan con lo que tus padres quieren para ti, o con las expectativas de la sociedad para alguien en tus circunstancias.

Pero desear no es *querer*. Para que tu visión ejerza el poder magnético de manifestar, tiene que ser genuina, tiene que surgir de la verdad profunda dentro de ti. No tiene por qué ser perfecta, ni ser comprendida perfectamente, pero tiene que ser honesta. Tiene que resonar con quién eres, en toda tu imperfecta perfección, *ahora mismo.*

Paso Uno | Clarifica una visión

¿Qué quieres *tú*? ¿Qué quieres *realmente*?

Da un salto de fe

Ve más allá de la zona donde te sientes cómodo. Sé atrevido. ¡Sé valiente! Crea una visión que a tu mente racional le parezca demasiado ambiciosa, una visión que haga cantar a tu corazón. De hecho, toma la determinación de crear una visión que te exija suspender el sentido común, lo que crees que es posible y lo que no. El arte de la manifestación empieza con un riesgo creativo, ¡un salto de fe!

Aprender el arte de manifestar la realidad es como aprender cualquier otro arte que emplee elementos físicos (pintura, escultura, música, poesía, etc.). Tu progreso es mayor y haces tu obra más interesante cuando te retas a ti mismo a ir más allá de tus límites, y de los límites que el entorno establece para ti.

Los pensamientos, sentimientos y creencias que has tenido hasta ahora han manifestado lo que actualmente ves en tu vida. Si quieres nuevas experiencias, tienes que estar dispuesto a pensar, sentir y creer de una manera nueva. Y eso siempre exige un salto de fe.

Ahora bien, un salto de fe exige al menos un poco de fe. La fe genera su propia resonancia en tu cuerpo, una sensación particular. Es una combinación de inspiración, excitación y una emocionante sensación de que algo es posible, acompañada de otra sensación levemente atemorizante de incertidumbre. Entonces, ¿cómo puedes saber si estás experimentando la fe?

Si la idea de manifestar tu visión te eleva y te provoca la incertidumbre que puede sentir el pájaro que está a punto de abandonar el nido por primera vez, ¡estás apuntando a la diana que corresponde!

Si tu visión es más grande que tu capacidad de dar el salto, si te atemoriza más de lo que te inspira, no renuncies a ella. Simplemente revísala para darle unas proporciones más manejables por el momento. Después, cuando tengas un poco más de práctica, podrás expandirla. Usa este proceso de diez pasos para manifestar un aspecto particular de esa visión, y aborda el sueño mayor cuando hayas plasmado ese aspecto en la realidad, y con ello fortalecido tu fe.

Cuando clarifiqué originalmente mi visión para la curación completa de Matisse, sus problemas de conducta y de desarrollo eran tan serios que ponerse como meta el desarrollo normal exigía un salto de fe. Pero, gracias a mis experiencias anteriores en la manifestación de otras visiones—y a mi pasión por este proyecto, el más importante de mi vida—, era capaz de dar el salto y estaba dispuesta a ello. Sentí la inspiración. Sentí la emoción. Sentí la posibilidad y el miedo… ¡Y salté!

A medida que avanzaba por el resto de los pasos, mi visión para la curación de Matisse se hizo rápidamente más ambiciosa. Se amplió para incluir, por ejemplo, habilidades verbales *avanzadas* en lugar de simplemente las que eran normales para su edad. (Y todo esto para un niño que apenas podía pronunciar palabra y tartamudeaba penosamente).

Aún así, mi salto *inicial* fue suficientemente grande, pavoroso y emocionante como para ponerme en marcha completamente. Me llenó de la inspiración y motivación necesarias para empezar a crear mi nueva obra de arte; estuve impulsada por la fe durante las primeras etapas de la manifestación de mi hijo.

¡Clarifica, clarifica, clarifica!

El físico ganador del premio Nóbel, Richard Feynman, dijo en una ocasión a un joven instructor que si no podía expresar con claridad una teoría a un alumno de primer curso de universidad, todavía no la entendía.

Los Maestros Manifestadores entienden lo que quieren. Sus visiones son claras como el cristal, y pueden describirlas con unas pocas palabras. Llaman a sus visiones por su "nombre propio" o, al menos, a las que manifiestan. Algunos Maestros Manifestadores son transformadores de todos los aspectos de la realidad, mientras que otros tienen habilidades de manifestación en ciertas áreas. Y pueden introducirte a ellas en segundos.

PASO UNO | Clarifica una visión

Por otra parte, las personas con muy pocas habilidades de manifestación a menudo responden a preguntas como: "¿Qué te haría sentirte feliz?" con descripciones largas y confusas, que revelan su incertidumbre y falta de enfoque. En realidad no saben lo que quieren. Van poniendo un poco de rojo aquí, un poco de azul allá, pero no tienen una visión coherente, ni siquiera la libertad creativa que dicen que expresan. Sus lienzos y sus vidas son un caos.

Cuando fantaseas con hacer, tener o crear algo, estás soñando un sueño. Cuando estás dispuesto a invertir tu energía en ese sueño, se convierte en una visión. Y cuando tu visión se vuelve tan clara en tu interior que puedes resumirla en una frase, la comprendes lo bastante bien como para manifestarla.

Para aplicar el primer paso como un Maestro Manifestador, clarifica tu visión hasta que puedas enunciarla con una sola frase, como la que escribí para mi hijo Matisse aquella tarde de hace un año: "Matisse se está desarrollando, creciendo y hablando normalmente para su edad".

Enuncia tu visión "en el ahora"

Como puedes ver, escribí mi versión clarificada para Matisse en presente: "Matisse *se está*..." en lugar de "Matisse *se desarrollará*...".

Si enuncias tu visión en presente, la llevas a la realidad. Si la enuncias en futuro, es posible que nunca la realices en el *ahora*. De hecho, podrías manifestar el mantenerla siempre en el futuro, por la tendencia a pensar en ella en "términos de futuro".

En el Universo el *futuro* no existe. Sólo existe el *ahora*. De modo que el Universo interpreta tu pensamiento sobre algo "que ocurrirá en el futuro" como una intención de *fantasear* con respecto a lo que quieres, no de manifestarlo. Es como decirle al Universo que sólo quieres ver una película de tu visión, porque esa es la frecuencia energética que estás emitiendo.

Por lo tanto, asegúrate de enunciar tu visión como si *ahora* estuviera plenamente manifestada.

Sí: "Estoy casado/a con mi compañero de vida ideal".
No: "Me casaré con mi compañero/a de vida ideal".

¡Pero no te detengas ahí!

Enuncia tu visión en términos positivos

Enmarca tu visión en una perspectiva de abundancia. Una declaración como "Estoy felizmente casado/a con mi compañero/a de vida ideal" te ayudará a manifestar la relación íntima y exitosa que realmente quieres más rápida y plenamente que "Estoy casado/a con mi compañero/a de vida ideal". (Sigue siendo buena, ¿pero por qué conformarse con menos cuando puedes tener lo mejor?)

Y lo que es más importante, evita frases que transmitan una sensación de carencia, resentimiento o envidia.

Sí: "¡Estamos libres de deudas!"
No: "Nuestra compañía ha saldado sus deudas".

Sí: "¡He recibido un adelanto de 48.000 Euros!"
No: "Mi editor por fin me ha pagado un adelanto que refleja mi valía".

Sí: "Vivo en una casa preciosa que expresa quién soy, lo mejor de mí".
No: "Tengo una nueva casa tan hermosa como la de mi hermana".

¿Puedes ver la diferencia entre la resonancia emocional de estas dos series de enunciados? Los comparto contigo únicamente como ejemplos. Sin embargo, cuando escribí la segunda versión de cada declaración, sentí que mi energía caía o se transmutaba en una forma negativa. Cuando escribí la primera, me sentí elevada y energetizada.

Así de poderosas son las palabras, y así de importante es declarar nuestras visiones en términos positivos. El empleo de las palabras justas pueden marcar toda la diferencia en nuestros pensamientos y sentimientos sobre nuestras visiones. Y como nuestras emociones determinan las señales creativas que emitimos a nuestro campo energético interno y externo, es importante mantenerse animado, claro y lleno de integridad.

Si no puedes encontrar una manera completamente positiva de declarar tu visión sin perder una parte importante de su significado, simplemente usa los términos más positivos posibles.

Sí: "Mi cuello está libre de dolor y me siento genial".
No: "Ya no me duele el cuello".

Establece una fecha de manifestación

Establecer una fecha de manifestación para tu visión, declarar un punto temporal específico en el que la verás emerger a la realidad, puede ayudar a que se presente en tu vida en el momento oportuno. (No quieres que tu visión se manifieste mucho después cuando ya haya dejado de importarte).

Haz que tu fecha de manifestación sea ambiciosa para que pueda generar el doble de entusiasmo; establece una fecha que requiera un salto de fe.

Cuando clarifiqué mi visión para Matisse, pude dar un salto haciendo uso de la fe que ya había desarrollado en la abundancia del Universo y en mi sistema. Establecí la fecha exactamente un año antes de la fecha propuesta para la manifestación, añadiéndola al principio de mi visión clarificada: "Desde el 1 de noviembre de 2007, Matisse se está desarrollando, creciendo y hablando normalmente para su edad".

Para alguien más avanzado en la maestría de la manifestación, seis meses antes podría haber requerido el mismo salto de fe. Para un principiante de la manifestación, seis meses *después* podría haber supuesto la diferencia entre sentimientos como: "¡es imposible!", "¡eso no puede ser!", y sentimientos como: "sí, ¡creo que puede ocurrir!" Cuando establezcas tu fecha de manifestación, procura tener sentimientos parecidos a los que tuviste cuando diste tu primer salto de fe y clarificaste tu visión.

No tienes por qué elegir una fecha específica del calendario, aunque puedes hacerlo si lo deseas. A la hora de establecer plazos, simplemente selecciona un momento concreto que puedas reconocer con claridad cuando llegue, una meta hacia la que dirigir tu energía de manifestación. Las fechas con un significado emocional o social funcionan especialmente bien para la mayoría de la gente, potenciando las emociones positivas en torno al proceso de manifestación.

Yo establecí la fecha de manifestación de Matisse exactamente un año antes porque quería mirar atrás durante el aniversario de mi doloroso y crucial encuentro con la profesora de Matisse siendo la madre de un niño sano y feliz.

Estos son algunos ejemplos de visiones clarificadas con fechas de manifestación motivadoras:

"Es el primer día del verano de 2008 y he firmado contratos con doce estupendos nuevos clientes". (En lugar de: "Conseguiré muchos clientes nuevos esta primavera").

"Es el 1 de septiembre de 2009 y he conocido y me he casado con mi maravilloso/a compañero/a de vida". (En lugar de: "Conoceré al hombre/mujer de mis sueños").

"Tengo mucho que celebrar en mi cumpleaños, porque los beneficios de mi empresa se han incrementado un 50% desde Navidad". (En lugar de: "El negocio florecerá esta primavera, y ganaré más dinero").

"Nuestro nuevo gimnasio de 500.000 euros está construido y preparado para ser usado el primer día de escuela, en otoño de 2008". (En lugar de: "El dinero que necesitamos para el gimnasio nuevo llegará y lo construiremos").

"Es el 1 de enero de 2038 y todos los coches nuevos que se fabrican funcionan con energías renovables". (En lugar de: "Cuando yo muera, los coches de gasolina habrán quedado obsoletos").

Observemos cómo dos personas en situaciones muy diferentes podrían clarificar sus primeras visiones por medio de este proceso.

- JACOB. Jacob *quiere* sentirse emocionalmente sano y pleno después de una separación repentina (y un divorcio pendiente), en la que no sólo ha perdido a la pareja con la que estuvo 15 años, sino también su vida familiar con sus tres hijos pequeños. *Necesita* aliviar su dolor y su depresión, necesita serenidad ahora y esperanza para el futuro.

    Probablemente, como es una persona práctica y con los pies en la tierra, al principio la creación de una visión clara y específica respecto a una situación tan intangible no le resulte fácil. Pero Jacob lo consigue anotando exactamente el aspecto que tendrá su visión y la sensación que le producirá cuando se presente en su vida.

    Elige como fecha deseada unas próximas vacaciones (que de otro modo podrían ser un momento doloroso): "Es el primer día del Hanukkah de este año y me despierto sintiéndome feliz, completo y en paz".

    Ahora mismo, como su dolor es tan reciente, y ya estamos en octubre (Hanukkah es en diciembre), su visión requiere un notable salto de fe. Pero él está preparado para darlo, de modo que salta. Por el simple hecho de dar el salto, parte del dolor de Jacob se alivia inmediatamente. Su decisión de manifestar su propia curación ya está produciendo resultados.

- ABRIL. Abril es diseñadora de artículos para niñas y propietaria de una cadena de boutiques que ofrecen exclusivamente su línea de ropa, *Dainty Divas;* se trata de diseños divertidos y femeninos para niñas pequeñas. Ella quiere que sus líneas de ropa y sus boutiques coticen en bolsa, en asociación. No tiene que esforzarse mucho para clarificar su visión; ¡es la razón por la que compró originalmente este libro!

    Escribe: "Es el 1 de junio de 2009 y *Dainty Divas* acaba de salir a bolsa".

A lo largo de los días siguientes se da cuenta que su visión, tal como la formuló originalmente, requiere un salto de fe que no está dispuesta a dar: cada vez que piensa en ello se siente desmotivada, sin ganas.

Una noche, en la cama, se da cuenta de lo que ocurre y reajusta su visión una vuelta de rosca (de momento): "Es el 1 de marzo de 2009 y *Dainty Divas* acaba de cotizar en bolsa".

Sigue siendo un esfuerzo, pero ahora se siente animada. Abril da su salto de fe. Sintiéndose repentinamente audaz, no puede resistirse a saltar de la cama para escribir su declaración de la visión (Paso Dos) y enviar un email a uno de sus mentores, invitándole a comer para contarle sus planes.

Comparte tu visión con cautela

En las primeras etapas del proceso de manifestación, las visiones son como pequeños árboles vulnerables. Pueden ser aplastadas fácilmente si se les trata con dureza antes de madurar. Comparte tu visión únicamente con personas positivas y de mentalidad parecida. Haz de otros visionarios y Maestros Manifestadores tus confidentes, y no discutas tus sueños con personas que podrían no respetarlos o no apoyarlos.

¿Dispuesto a seguir adelante?

Si has clarificado tu visión, puedes saltar al final de este capítulo y anotarla en el espacio destinado a "Mi Visión Clarificada" que encontrarás allí. Después, pasa al Paso Dos: *Escribe la visión*.

¿Qué pasa si me quedo atascado?

¿Qué pasa si te cuesta clarificar una visión que te conmueva e inspire? Bueno, en primer lugar debes saber que no estás solo. Hay mucha gente que se queda atascada aquí, en Paso Uno.

Algunos tratan de realizar grandes cambios en sus vidas, o de marcar una gran diferencia en el mundo, pero no saben por dónde empezar. El ajetreo seductor de la vida moderna se ha interpuesto entre ellos y sus sueños como una multitud estridente en un día de partido, y han perdido de vista sus aspiraciones.

Otros, especialmente muchas personas dotadas y creativas, sufren el problema contrario. Se ahogan en sueños. Navegan a la deriva en un océano de posibilidades. Pueden cantar. Pueden escribir. Ganaron un concurso de escultura en la universidad. Son buenos en los negocios, pero aún mejores con los coches. Pero el día tiene un número limitado de horas, y algunos de sus sueños son incompatibles con otros. Con tantas opciones atrayentes entre las que elegir, decidirse por una puede parecer una tarea imposible.

Si cualquiera de estos casos guarda un parecido con el tuyo, debes saber que ahora mismo tienes la respuesta que necesitas dentro de ti, enterrada en alguna parte. Simplemente tenemos que excavar, juntos, hasta encontrarla. Usa el ejercicio siguiente para descubrir la visión que guardas dentro de ti esperando ser reconocida.

Escava tu visión

Responde a cada una de las preguntas siguientes dejando que fluya tu corriente-de-conciencia y llena todas las líneas que se proveen. (Si te quedas sin líneas, deja de escribir y pasa a la pregunta siguiente).

¿Cómo sería mi vida perfecta?

_____

¿Qué elegiría manifestar en mi vida si no tuviera miedo?

_____

¿Qué elegiría manifestar si supiera que sólo me quedan cinco años de vida?

Ahora elige el sueño o deseo que más te conmueve y clarifícalo para tu primera visión. Más adelante podrás repetir este ejercicio para desarrollar y clarificar nuevas visiones.

www.CreandoMatisse.com

¿Aún tienes dudas? ¡Márcate una fecha de decisión!

Si te sientes desgarrado entre varias opciones atrayentes pero incompatibles, o si no puedes tomar una decisión por la razón que sea, *no la tomes*. En lugar de ello, establece una fecha para tomar la decisión. Elige una fecha dentro de un plazo máximo de dos semanas y márcala en el calendario. Hasta que llegue ese día, sigue soñando, investigando, acumulando información y entreteniéndote con las posibilidades.

Pero cuando llegue esa fecha, clarifica una visión. Comprométete con ella como si estuvieras seguro de ella, aunque no lo estés. Después empieza a trabajar en Paso Dos: Crea un enunciado de la visión que te permita empezar a canalizar energía universal hacia tu vida. Las respuestas que necesitas surgirán de tus acciones.

Al establecer este compromiso y avanzar, en esencia estás indicando al Universo tu deseo de desarrollar tus habilidades de manifestación. Estás levantando la mano y diciendo: "¡Elígeme!, ¡elígeme!" como el niño listo que no tiene la respuesta en cuanto el profesor plantea la pregunta, pero sabe que la tendrá cuando se pronuncie su nombre. Y de repente oye su nombre. (¡Y tú también lo oirás!). Hay una razón por la que los niños así acaban yendo lejos y logrando cosas grandes y significativas en la vida.

Ves, no es necesario tener mucha información, ni siquiera estar totalmente seguro, para clarificar una visión y empezar el proceso de manifestación. Lo único que tienes que hacer es aceptar tu incertidumbre y tus dudas, y a partir de ahí ir

Paso Uno | Clarifica una visión

dando los pasos. Llegarás a conocer lo que aún no conoces como resultado natural de lo que hagas a lo largo de los próximos días y semanas. Al Universo le encanta la acción. Necesita la energía de la acción para *hacerte avanzar*.

Confía en que actuar ahora a partir de lo que entiendes que es tu lugar en el esquema de las cosas te llevará donde necesitas ir. Si te sales un poco del curso trazado, ¡no te preocupes! El Universo es muy capaz de devolverte suavemente a la dirección correcta, o de ajustar calladamente tu curso, siempre que te hayas puesto *en acción*.

¿Un caso de visión equivocada?

En 1993, un joven llamado Greg Mortenson tuvo una visión ambiciosa. Quería escalar la cumbre del K2, la segunda montaña más alta de la Tierra y la más peligrosa, dejando en la cima un talismán en honor de su difunta hermana.

A pesar de su cuidadosa preparación, enfoque y determinación, Greg no manifestó su visión. Después de la desastrosa expedición (donde tuvo la suerte de sobrevivir) consiguió llegar a un pequeño pueblo pakistaní muy pobre. Allí, la bondad de sus anfitriones y su gran necesidad encendieron un fuego en él que reveló una nueva visión en su mente y en su corazón: decidió volver y construir una escuela para los niños del pueblo. En 2008, quince años después de su primera estancia en el pueblo, Greg no ha construido una, sino cincuenta y cinco escuelas en aquella región desolada, transformando la vida de cientos de niños y sus familias, y creando un futuro nuevo y mejor para las generaciones venideras.

¿Se trata de un caso de visión equivocada o de una decisión muy vigorosa que le puso directamente en el camino del destino cuando el Universo necesitaba ayuda para transformar las vidas de los niños? Tú decides.

Resumen

Para completar el primer paso, decide manifestar una visión que resuene emocionalmente contigo. Da un salto de fe y resume esta nueva visión en una frase clara y específica, usando el tiempo presente y términos positivos. A continuación, establece una fecha de manifestación para demostrar tu intención de experimentar esta nueva realidad cuando llegue el momento. ◆ Si te sientes atascado en el proceso de toma de decisiones (ahora o en algún momento futuro), usa estos ejercicios para ahondar y descubrir lo que verdaderamente quieres. Puedes volver posteriormente a lo que has descubierto para clarificar nuevas visiones para ti y para el mundo.

Si has clarificado tu visión, ya estás preparado para comenzar el segundo paso: *Crear un escrito de la visión,* por el que manifestarás tu visión en su primera forma material ("real"): ¡Palabras sobre una página!

Mi visión clarificada

_____

_____

_____

Fecha motivadora de la manifestación _____

creando a Matisse

Ayer clarifiqué mi visión para la curación de Matisse. Ahora estoy preparada para centrarme en el segundo paso del proceso de manifestación: poner la visión por escrito. Despejo mi programa para la tarde, me siento al ordenador y pinto en blanco y negro sobre la pantalla la nueva realidad que quiero crear para mi hijo. He hecho esto mismo muchas veces antes, pero nunca en una visión tan importante para mí.

¿Por qué no he aplicado este proceso en nombre de mi hijo hasta ahora? La respuesta a esta pregunta apunta a las limitaciones de mi pensamiento: lo cierto es que, honestamente, no se me había ocurrido que este proceso y sus pasos pudieran funcionar en una situación así. Bueno, ¡ayer ciertamente sí que se me ocurrió! Y ahora estoy completamente comprometida con aplicar cada uno de sus pasos a la salud y felicidad de mi hijo hasta que se manifiesten plenamente.

Tecleo mi visión clarificada en las primeras líneas de un documento Word y hago un viaje imaginario a la vida de Matisse tal como será cuando se sienta pleno. Soñando despierta, plasmo esta nueva realidad en mi ordenador. El tiempo vuela mientras lo que experimento dentro de mí se hace cada vez más vívido y detallado. En breve, mi visión para Matisse es mucho más real para mí que mi entorno y que las actuales circunstancias de mi hijo.

Escribo sobre Matisse expresándome con claridad y usando un vocabulario expansivo. Describo lo guapo que está leyendo en el sofá con su padre. Le oigo pronunciar fácil y uniformemente las palabras de la página de su libro colorido, con un poco de ayuda de papá.

Saboreo el fresco amargor de un vaso de té helado sentada en nuestra terraza, contenta de verle jugar en el jardín con los niños del vecindario. Huelo su sudor infantil cuando corre hacia mí, sonriente después de un activo día de escuela, mostrándome excitado una hoja de papel y exclamando: "¡Mami! ¡Mami! ¡Mira lo que he hecho!". Y siento sus pequeños brazos envolverme en un abrazo apretado cuando se lanza a los míos.

A medida que su imagen inunda mi mente, me recorren nuevos brotes de inspiración creativa, y mi visión se expande para incluir otras cosas que quiero para mí misma y para nuestra familia en relación con Matisse. Experimento que todos nosotros disfrutamos de una divertida velada familiar, libre de todas las pataletas tensas y recurrentes que ahora presiden el tiempo que pasamos juntos.

Dos horas después, habiendo completado el primer borrador del escrito de mi visión, presiono el comando "Imprimir". La nueva vida de Matisse como un niño feliz y pleno, y nuestra pacífica vida familiar toman forma por primera vez: palabras sobre una página.

Paso Dos
Escribe la visión

Escribe una descripción vívida de tu vida y del mundo tal como serán cuando se haya manifestado tu visión, y después lee el escrito una vez por semana.

Una obra de arte que no comenzó con emoción no es arte.

— Paul Cézanne
Artista impresionista francés (1839–1906)

Justo después del nacimiento de Matisse, mi marido y yo salimos de Barcelona para ir a vivir a una casa en el campo, con hermosas vistas sobre el mar, un jardín espacioso y lujosos servicios. Inmediatamente quedé embarazada de nuestra segunda hija, Tahlia. En pocos meses lo que parecía una buena idea se convirtió en una pesadilla (la casa, ¡no el bebé!). El aislamiento en el campo hizo que me sintiera como una prisionera.

Teniendo un niño pequeño con necesidades especiales y una recién nacida que acomodar en el coche cuando quería ir a cualquier parte, incluso un viaje a la tienda se convertía en una prueba de fuego. Empecé a quedarme en casa cada vez más y a sentirme encerrada. A los pocos meses, la depresión empezó a abrumarme.

Entonces me di cuenta de que estábamos fuera de nuestro ambiente, y Adrián y yo empezamos a buscar casa en Barcelona. Al principio, la búsqueda nos dejó descorazonados. En la ciudad, los precios de las viviendas se habían disparado hasta límites exagerados. No encontrábamos nada que se acercara al rango de precios que podíamos permitirnos. De modo que nos pusimos a ello, clarificamos una visión para nuestro nuevo hogar, y escribimos una descripción detallada de lo que queríamos. Nuestra visión incluía una excelente ubicación y abundancia de servicios y comodidades a un precio escandalosamente bajo.

Alquilamos un pequeño apartamento para salir del paso y garantizar nuestra cordura mental, y leímos nuestra visión periódicamente durante aproximadamente un año. Después las palabras perdieron su atractivo y las dejamos de lado.

Dos años después, en septiembre de 2006, Adrián encontró el escrito de nuestra visión para la casa y lo leyó en voz alta. Ambos sentimos escalofríos al comprobar que las palabras dibujaban una imagen casi perfecta del nuevo apartamento que habíamos comprado.

"En un lugar de playa…"
"Terraza…"
"Suelos de parquet…"

"Mucha luz y espacio…"
"Escuela, tiendas, cine y gimnasio cerca…"

Y… mi sueño imposible: ¿Un patio trasero espacioso en medio de la parte más popular de la ciudad? ¡Bingo! ¿El precio? Habíamos ahorrado aproximadamente un 30% en la compra (¡tal como habíamos descrito en el enunciado de la visión!), gracias a nuestro milagroso encuentro inicial con el dueño. ¿Y la fecha de manifestación? Allí estábamos, trasladándonos en septiembre de 2006, tal como habíamos especificado en el escrito.

En general, descubrimos que se habían manifestado todos los detalles de nuestra visión, ¡con dos pequeñas excepciones! (Espera a escuchar el resto de la historia en los Pasos Tres y Siete, ¡te dejará atónito!)

Actualmente los físicos cuánticos enseñan a los legos la verdad que los maestros espirituales han venido enseñando durante milenios: creamos la realidad llevándola a la vida tan detalladamente en nuestro interior que también se plasma fuera de nosotros.

Si pudiéramos observar un átomo muy, muy, muy de cerca, veríamos que en realidad allí no hay nada; es decir, nada excepto energía. No hay nada que sea "sólido". El mundo material está compuesto por campos energéticos que interactúan. *Y lo mismo ocurre con todo lo demás.*

Los pensamientos y sentimientos son energía, y también lo son las acciones, los abrazos, las mesas, las montañas, los amantes y los negocios de éxito. Y no sólo eso: los pensamientos y sentimientos *crean* acciones, abrazos, mesas, montañas, amantes y negocios.

El poeta del siglo XVII John Milton escribió: "La mente puede convertir el cielo en infierno o el infierno en cielo". Todos hemos vivido momentos en nuestra vida en los que nuestra actitud hizo de una situación insoportable algo soportable, e incluso hermoso. También hemos experimentado momentos en los que todo lo externo iba estupendamente, pero "llovía por dentro", en palabras de una canción popular. En cualquier caso, esto sólo es parte del panorama.

Lo que pensamos *sobre* la realidad combinado con lo que sentimos con respecto a esos pensamientos, hace algo más que alterar nuestra manera de *experimentar* lo que es real. *Determina* lo que es real. Ejerce un efecto energético y creativo sobre los campos cuánticos que nos rodean (que están hechos del mismo "material" que nuestros pensamientos). En nuestra conciencia surge una realidad compatible.

En el segundo paso, emprendes un viaje creativo a tu vida y al mundo tal como *serán* cuando tu visión se haya manifestado. Escribes lo que ves, sientes y experimentas en tu viaje. Después lo leerás cada semana para orientar tus pensamientos y emociones en la dirección de tu visión.

LOS ERUDITOS DICEN

La conciencia contiene la realidad

> "Y así hemos dado la vuelta completa, desde el descubrimiento de que la conciencia contiene la totalidad de la realidad objetiva —toda la historia de la vida biológica en el planeta, las religiones y mitologías del mundo, y las dinámicas de las células sanguíneas y de las estrellas— hasta el descubrimiento de que el universo material también puede contener en su trama los procesos de conciencia más internos. Tal es la naturaleza de la profunda conectividad existente entre todas las cosas en un universo holográfico."
>
> — Michael Talbot
> *The Holographic Universe*

Prepárate para el viaje

Resérvate una hora o dos en las que probablemente no vayas a ser interrumpido. Si tienes alguien a tu cargo o estás "de servicio" por algún motivo, simplemente esfuérzate por elegir un periodo en que la interrupción sea *menos probable*. Encuentra un lugar sereno y tranquilo para escribir y pon música suave para crear una atmósfera contemplativa. Incluso puedes encender algunas velas si quieres, para dar a tu experiencia una sensación mística.

¡Emprende tu viaje!

Cuando estés preparado para empezar el viaje, siéntate erguido, toma una respiración profunda, relaja los hombros y relájate. Reza o medita por un momento, centrándote y pidiendo ayuda y guía a tu Fuente (tal vez Dios, el Universo, o simplemente tu Yo Superior).

Ahora piensa en tu visión, y permite que tu imaginación te saque de tu realidad actual y te lleve a la realidad de tu visión manifestada. Observa su aspecto, la sensación que produce, los sonidos, los sabores e incluso los *olores* (literal y metafóricamente) "ahora" que se ha mostrado en tu vida y en el mundo. Escribe todo lo que puedas sobre tu experiencia.

Si tu visión es un nuevo hogar precioso, conduce mentalmente por el vecindario hasta tu casa, describiendo todo lo relacionado con esa aproximación: nota cómo reaccionan tu pareja y los niños cuando ven la casa. ¿Es de ladrillos o está revocada? ¿Es de hormigón y cristal? Anótalo y sigue adelante. ¿Te recuerda a la casa de tu abuela o al tipo de casa donde soñabas vivir cuando eras estudiante? ¿Es fácil de mantener o disfrutas trabajando en ella y haciendo reparaciones? ¿Te atrae porque te transmite una sensación de solidez y calidad? ¿O calma tus sentidos con sus líneas simples y modernas y sus amplias vistas al mar?

Atraviesa la puerta de entrada y entra y sal por las habitaciones, imaginando a tus familiares y amigos disfrutándola contigo. Contempla tu hogar como un centro de retiro y renovación que te permite cuidar mejor de ti mismo y de los demás. Considérala una inversión económica bien meditada que te beneficiará a ti, a tu pareja y a los niños a lo largo de los años. Piensa en los métodos que usas para asegurarte que tu vida hogareña es "ecológica", buena para el entorno y sostenible. ¿Hay naranjas en un cuenco sobre la mesa? ¿Rosas en un jarrón sobre el mantel?

Si quieres que tu ciudad construya un refugio para los "sin techo" y las familias que desean una vida mejor, conduce hasta el edificio en tu imaginación. Atraviesa las puertas y ve hombres, mujeres y niños siendo recibidos con bondad y respeto en un lugar limpio, cálido y amistoso donde todos ellos se sienten seguros y en casa.

Imagina que unos cuidadores atentos y dedicados les ayudan a conectar con los recursos que necesitan para volver a ponerse de pie. Camina por una habitación tras otra llenas de camas robustas con colchones firmes y sábanas y mantas limpias. Entra en el comedor y huele comida sana y buena. Ve cuencos de fruta fresca y bandejas de verdura. Saborea el pan integral que están tomando hoy para cenar.

Imagina cestas de juguetes para los niños y óyeles jugar ruidosa y felizmente en medio del suelo con sus madres o padres. Visualiza que se celebran servicios espirituales y se realizan trabajos en grupos. Observa las sonrisas que iluminan estos rostros que casi habían olvidado lo que es sonreír.

¡Estoy segura que ves lo que digo! Tanto si estás manifestando algo para ti como si lo manifiestas para otros, vive tu visión *manifestada*. Créala con tu imaginación y anota tu experiencia con todo detalle, asegurándote de que la esencia de esta sorprendente y hermosa realidad se refleja en tu página.

No trates de describirlo todo perfectamente (¡Nunca conseguirás poner los mil detalles sobre el papel!). Simplemente escríbelo con suficiente detalle como para hacer saltar en ti una chispa de inspiración cuando lo leas después.

Y hablando de refugios para los "sin techo"...

Conecta con tu deseo de servir

Pregúntate cómo la manifestación de tu visión cambiará tu vida y las vidas de otros de manera significativa, incluso transformadora. ¿Cómo afectará esta nueva realidad a tu pareja y a las vidas de tus niños, de las personas de tu comunidad y al mundo en general? Pensar en los efectos positivos que tu manifestación tendrá en otros te permite conectar conscientemente tu visión con el deseo innato de servir.

Las motivaciones para nuestras visiones casi siempre son mucho más profundas y hermosas de lo que creemos. Y estamos diseñados para que nos encante servir a los demás. De hecho, las personas más felices son las que sienten verdaderamente útiles a la humanidad. Conectar conscientemente incluso nuestras visiones más "egoístas" con nuestro deseo de servir hace que nos sintamos mucho más inspirados, más motivados, más fuertes y más centrados para trabajar con el Universo a fin de traerlas a la realidad.

¡Escribe cosas "grandes" y atrevidas!

Recuerda que el primer paso es *pensar grande*. Ahora, *continúa* pensando grande, y asegúrate de *escribir* también "grandes" cosas. No es asunto tuyo saber *cómo* se las arreglará el Universo para plasmar todos los aspectos de tu visión. Tu trabajo es mostrarte abierto y sincero con lo que ves y sientes en este viaje. Confía en que tienes que soñar este sueño ahora mismo, y anótalo en la página.

Cuando escribí mi visión para Matissse, puse resultados que no guardaban ningún parecido con expectativas "razonables". Escribí cosas "grandes y atrevidas". Puse que hablaría con fluidez no sólo su lengua natal, sino las lenguas de su país de adopción, y eso que apenas podía hablar. Puse que se lo pasaba bien, que tenía amigos y sentía confianza al conocer gente nueva, y eso que era un niño tan retrasado en sus relaciones sociales que encontrarse con otros niños para jugar era una pesadilla. Describí sesiones de lectura en el sofá para un niño que desconocía el alfabeto. *Y estoy contenta de haberlo hecho.*

Escribe "en el ahora" y en términos positivos

En la medida de lo posible, escribe tu declaración en presente, y pon la mayoría de los detalles de tu visión en términos positivos. Incluye únicamente palabras o frases con connotaciones negativas cuando sea importante clarificar un punto o resaltar su resonancia emocional *para ti*.

Por ejemplo, un hombre rico y con los pies en la tierra, con un historial de salir con mujeres más interesadas en su cartera que en su alma, podría sentir que la frase "ella no es una buscadora de oro" tiene un impacto emocional más directo que "a ella no le preocupa mi riqueza".

Escribe con gratitud

Escribe tu declaración con una actitud de agradecimiento por el mundo tal como es ahora, y tal como será cuando tu visión se manifieste. El simple hecho de anotar tu visión en este estado de gratitud tendrá un poderoso impacto en tus emociones (y por tanto en tu energía de manifestación), tanto en el presente como a lo largo del tiempo. Asegúrate de que la gratitud que sientes se plasme en la página, de modo que vuelvan a surgir en ti los mismos sentimientos de gratitud cada vez que lo leas. Un modo fácil de hacer esto es empezar y acabar tu descripción con expresiones de gratitud a tu Fuente o al Universo:

- Me siento tan agradecido por…
- Gracias por mi precioso nuevo…
- Me siento lleno de agradecimiento porque…

Deja que tu alma expanda tu visión

Cuando empecé a poner en palabras mi visión para Matisse, me centré en sus problemas de desarrollo: el habla y los problemas de aprendizaje. A medida que me adentraba más en el proceso y permitía que mi imaginación me guiara, me descubrí escribiendo sobre la relación de Matisse conmigo, y mis deseos de crear un vínculo saludable con él, y otros resultados para mi familia.

Me permití "seguir el flujo" y escribir todo lo que veía y sentía en aquel estado altamente emocional. Esto me ayudó a pintar una imagen más detallada y completa de lo que mi alma quería manifestar en la vida de Matisse.

Sigue el flujo en medio de giros inesperados

Permítete pensar en tu visión de una manera nueva a medida que conforme el proceso creativo abre tus ojos a lo que *verdaderamente* quieres, a diferencia de lo que *piensas* que quieres. Mi cliente de coaching Marilee vio que sus pensamientos y sentimientos respecto a su visión de perder peso cambiaban en la página delante de sus ojos:

> "Claro, quiero ser delgada y sexualmente atractiva para mi pareja, pero me preocupa mucho más cuidar de mí misma que ver a los hombres girar su cabeza cuando paso. Después de todo, no estoy tan determinada a tener cierta talla o cierto aspecto. En realidad lo que quiero es sentirme bien con cómo trato mi cuerpo, hacer elecciones de las que pueda sentirme orgullosa y tener un estilo de vida saludable que pueda sustentar cómodamente. Y, sí, quiero estar guapa. Entonces, ahora he incluido una serie de tallas en el escrito de mi visión: de la talla cuatro a la ocho".

Tómate un descanso de entre 24 y 48 horas, y revisa

Después de haber escrito el primer borrador de tu declaración, déjalo a un lado durante un periodo de entre 24 y 48 horas. Seguidamente, vuelve a él con ojos nuevos, con una perspectiva fresca, y plantéate las preguntas siguientes:

- ¿He pasado por alto alguna cosa?
- ¿Está escrito "en presente"?
- ¿He empleado términos positivos?
- ¿Hay algunos detalles que estén en conflicto?

Aprendí a las duras lo fácil que resulta pasar por alto algún aspecto importante de la visión. Cuando escribí la descripción inicial de mi visión para Matisse, omití completamente uno de los asuntos más críticos. Esto no ocurrió porque no me preocupara el asunto—me apasionaba—sino por el mismo motivo que tardé tanto en usar el proceso de manifestación para ayudar a mi hijo: *simplemente no pensé en ello*.

Lo cierto es que Matisse nunca comía suficiente, y se negaba completamente a comer cuando yo le alimentaba, o cuando yo estaba presente. Delgado y físicamente subdesarrollado para su edad (como muchos niños prematuros), estaba perfectamente dispuesto a pasar todo el día sin comer si era yo quien le ofrecía la comida o si estaba cerca a la hora de comer. Suplicar, implorar, lágrimas… nada funcionaba.

Las vacaciones escolares me daban pánico porque sabía que quizá no comería suficiente, y lo que temía siempre acababa pasando (esto no era ninguna sorpresa). A medida que la situación empeoraba, contraté a un niño del vecindario para que viniera cuando Adrián estaba trabajando y se sentara con Matisse mientras comía.

No me di cuenta de que había pasado por alto los problemas de Matisse con la comida hasta que Adrián me lo señaló una noche que estaba angustiada con la situación. Inmediatamente hice un miniviaje imaginativo a la realidad que quería crear para Matisse con respecto a la comida. Lo visualicé sentado al otro lado de la mesa, comiéndose felizmente los alimentos que yo le ofrecía, pidiendo a los adultos aperitivos saludables, comiendo *mucho* y sonriendo mientras comía.

Después añadí un párrafo a mi declaración original en el que describía esta realidad en la que mi hijo comía abundante y con frecuencia, independientemente de quién le alimentara. ¡Ahora es una pequeña máquina de comer! De hecho, a menudo toma una cena completa y vuelve a pedir otra comida completa antes de meterse en la cama. No puedo relatar la alegría que me da verle comer así. Le llamamos "lechoncito".

PASO DOS | Escribe la visión

Hacer que alguien de tu confianza revise tu escrito de la visión para ver si hay algún conflicto puede ser un estupenda idea. La declaración de la visión de mi cliente Mischa para su consulta mencionaba que quería ver cincuenta clientes a la semana. En un párrafo posterior decía que dedicaría mucho tiempo a cada cliente en cada sesión, ¡al menos una hora y media! Evidentemente esto no iba a funcionar si quería tener una vida personal, ¡o incluso ducharse por la mañana! Hicieron falta otro par de ojos para que Mischa reconociera el problema y pudiera remediarlo.

Declaración de la visión

Usa esta plantilla para crear tu primera declaración de la visión.

Si necesitas más espacio, toma una hoja de papel y sigue escribiendo hasta quedarte sin palabras (a propósito, ésta no es una prueba sobre el uso de los cinco sentidos). Simplemente usa los apoyos que se ofrecen como punto de partida, y deja que tu manifestación tome el mando a partir de ahí.

Mi visión:

Éste es el aspecto que tiene mi visión, ahora que se ha manifestado en mi vida:

_____

_____

Así es como suena mi visión, ahora que ha aparecido en mi vida:

_____

_____

Así es como sabe mi visión, ahora que ha aparecido en mi vida:

_____

Ésta es la sensación que produce mi visión, ahora que ha aparecido en mi vida:

Así es como huele mi visión, ahora que ha aparecido en mi vida:

Impacto sobre mí y mis experiencias internas

Así es como esta manifestación me causa alegría y felicidad:

Así es como esta manifestación me causa paz y serenidad:

Así es como esta manifestación hace que sienta amor y más capacidad de querer a los demás:

Paso Dos | Escribe la visión

_____

Así es como esta manifestación me produce satisfacción:

_____

_____

Así es como esta manifestación me brinda oportunidades y opciones:

_____

_____

Impacto sobre los demás y el mundo

Así es como esta manifestación afecta a mis familiares y amigos:

_____

_____

Así es como esta manifestación afecta a mis conocidos:

_____

_____

Así es como esta manifestación afecta a otras personas (o criaturas) a las que sirvo:

_____

_____

Así es como esta manifestación afecta a mi comunidad en su totalidad:

_____

_____

Así es como esta manifestación afecta a la totalidad de la Tierra:

_____

_____

Más sobre mi visión:

_____

_____

Gracias, _____, por todas las cosas hermosas que hay en mi vida y en el mundo, y por manifestar esta visión en alineamiento con el Plan Último.

www.CreandoMatisse.com

Lee el escrito de tu visión cada semana

Lee el enunciado de tu visión una vez a la semana para mantener tus pensamientos y sentimientos vibrantes y enfocados. Si lo lees más frecuentemente, es probable que restes motivación y energía de las palabras, y por tanto de la manifestación. Si lo lees con menos frecuencia corres el riesgo de perder contacto emocional con tu objetivo.

Incluye tu lectura semanal en tu agenda o calendario, y continúa leyendo como tienes programado hasta que la descripción se vuelva parte de ti. Deja de leer el escrito y guárdalo para volver a él más adelante cuando...

- Ya no pienses en ese objetivo, sino que lo estés viviendo como una realidad interna.
- Ya no te inspire ni te conmueva cuando lo lees.

Léelo antes de tomar decisiones importantes

Hay una excepción importante a la regla de leer el manifiesto de la visión una vez por semana. Cuando afrontes una decisión importante con respecto a tu proceso de manifestación, lee tu declaración antes de tomar la decisión. Probablemente tomarás una decisión mejor que si no la hubieras leído.

Cuando decido contratar a otro miembro del personal, me aseguro de leer la visión que he elaborado sobre nuestro nuevo empleado genial (¡en presente, por supuesto!) antes de las entrevistas. Esto me mantiene conectada con mi visión de la persona que queremos y necesitamos, y así propongo el empleo al candidato adecuado.

Ella escribió sus sueños y los hizo realidad

En 1954, a una pareja de padres adolescentes de Kosciusko, Mississippi, les nació una niña. Como era pobre y afroamericana, en el sur racista de los Estados Unidos, tenía, como mínimo, una estrella más difícil que la mayoría de sus pequeños compañeros. ¡Incluso escribieron mal su nombre en el certificado de nacimiento!

Sobreviviendo a la pobreza, a frecuentes cambios de domicilio y al abandono, así como a todo tipo de abusos (incluyendo abusos y violaciones sexuales), esta niña tenía una capacidad de soñar casi inimaginable. Podía soñar grande. Podía pensar grande. ¡Y podía escribir grande! Escribió la visión de la vida que quería en sus diarios, y sus cuadernos estaban llenos del deseo de ser útil a los demás y de gratitud a Dios.

Ahora Oprah Winfrey es una mujer dinámica y autorrealizada de más de 50 años, líder espiritual y directora de un innovador imperio mediático. Es la primera mujer billonaria de los Estados Unidos, y es una luz y una inspiración para los hombres y mujeres de todo el mundo. Ella es un ejemplo brillante del hecho de que ninguna visión es demasiado atrevida, y ningún sueño es demasiado ambicioso para ser manifestado.

Resumen

Para completar el segundo paso, escribe la visión de manera vívida y detallada, describiendo la nueva realidad que estás manifestando desde un lugar de gratitud. En la medida de lo posible usa el tiempo presente y términos positivos, centrándote en lo que quieres manifestar más que en los aspectos negativos de tu realidad actual. ◆ Tras completar el primer borrador de tu declaración, date un descanso de 24 a 48 horas para tomar distancia y mirarlo desde otra perspectiva. Después revísalo, buscando sobre todo omisiones y/o detalles que pudieran estar en conflicto. ◆ Cuando hayas acabado, programa un encuentro semanal para leerlo, ¡y sé fiel a esa cita! Cuando lo escrito se haga tan real dentro de ti que tus sesiones semanales se vuelvan redundantes y ya no te inspiren, tu declaración habrá hecho la mayor parte de su trabajo. Archívala en un lugar seguro donde puedas acceder fácilmente a ella cuando tengas que tomar decisiones relativas al proceso de manifestación y para su posterior revisión.

Ahora, si has acabado el primer borrador del escrito de tu misión puedes pasar al Paso Tres: crea un collage de la visión, en el que tu visión adquirirá *dimensión* y *color*.

creando a Matisse

Ayer escribí mi visión para Matisse. Hoy estoy creando el collage de mi visión para él. Ya ha cambiado todo. Bueno, no ha cambiado nada en la realidad manifestada de Matisse o de nuestra familia, pero yo sí he cambiado.

Me siento esperanzada y fortalecida. Después de haber dado el salto de fe, he entrado en contacto con grandes cantidades de esperanza y motivación que no podía imaginar que estuvieran dentro de mí. Por supuesto, aún sigo teniendo dudas y miedos, y he pasado por este proceso de manifestación las suficientes veces como para saber que irán surgiendo otros con el tiempo. Pero los afrontaré, haré mi proceso con ellos y confiaré en que Dios y el Universo me den el apoyo que necesito.

Al combinar las imágenes para el collage de Matisse, mi cuerpo y el aire que me rodea parecen vibrar con energía creativa. Hace tres días, a esta misma hora, estaba tocando fondo (y dando un gran paso adelante), al afrontar la verdad de la situación de Matisse. ¡Y ahora me estoy divirtiendo!

Estoy pegando cada cosa en su sitio cuando la imagen de un niño rubio me entra por el ojo. Se parece bastante al aspecto que podría tener Matisse dentro de un año, cuando esté más sano, más feliz y completo. Los ojos del niño, brillando ante la cámara, parecen decir: "Esto le puede ocurrir a tu hijo. Esto le puede ocurrir a Matisse".

Por un momento, la realidad potencial que veo en la mirada del niño se vuelve más real para mí que la que experimento cotidianamente cuando recojo a mi abatido y nervioso hijo de la escuela.

Cuando acabo el collage, hago copias y las distribuyo por la casa. Tengo cuidado de ponerlas al nivel de la mirada de Matisse para que él también pueda dejarse impresionar por ellas y absorberlas en su conciencia. Quiero asegurarme de que todos avancemos rápidamente hacia nuestra nueva realidad con tanta frecuencia como podamos. Incluso cuelgo unas pocas copias detrás de las puertas y en lugares inesperados para que alguna vez nos pillen por sorpresa.

Una vez completado mi trabajo, vuelvo a la cocina para tomar un vaso de zumo y me topo con un collage pegado dentro del armario. Sonrío. ¡Todo va bien de momento!

Paso Tres
Crea un collage de la visión

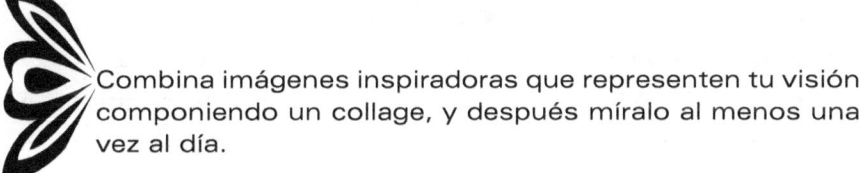
Combina imágenes inspiradoras que representen tu visión componiendo un collage, y después míralo al menos una vez al día.

Descubrí que podía decir cosas con el color y las formas que no podía decir de ningún otro modo—cosas para las que no tenía palabras.

— Georgia O'Keeffe
Pintora americana (1887–1986)

¿Recuerdas la historia que compartí sobre la manifestación de nuestro precioso apartamento en Barcelona? Bueno, la historia mejora todavía más aquí, en PASO TRES.

Mientras nos estábamos trasladando, descubrimos el collage que habíamos creado para la visión de nuestra nueva casa algunos años antes. ¡En él estaba la foto de nuestra nueva terraza! Sí, de los cientos de terrazas en las miles de casas del vecindario, habíamos elegido justo la foto (de una revista comunitaria) de la única terraza que llegaría a ser nuestra, y la habíamos convertido en parte de nuestra visión.

Así es el poder de las imágenes: son muy, muy poderosas. De hecho, esta historia sólo es un notable ejemplo de los muchos que podría compartir contigo. A decir verdad, los éxitos de mis collages de la visión y los de mis amigos y clientes podrían llenar un libro. Y, las historias de cómo los Maestros Manifestadores y otros han usado la potencia de las imágenes para alterar la realidad, podrían abarrotar las bibliotecas más grandes del mundo y llenar las calles de nuestras ciudades. Puedes hallar algunas de estas historias en www.CreandoMatisse.com.

Los Maestros Manifestadores usan imágenes para hacer realidad sus visiones, tanto si son conscientes de lo que hacen como si no, por una muy buena razón: ¡Lo que *vemos* determina lo que experimentamos!

Las imágenes nos mueven de una manera que *nos* capacita para mover el *mundo*. Por el simple hecho de ver, o esperar ver cierta realidad, podemos hacer que emerja del vasto océano de posibilidades que nos rodea y atraviesa.

Los físicos cuánticos describen este principio como "el efecto observador". Han descubierto que incluso en condiciones de experimentación rigurosamente controladas (que deben producir los mismos resultados mensurables una y otra vez), distintos investigadores obtienen resultados distintos. Los instrumentos de medida independientes registran lo que los científicos individuales que revisan los datos esperan ver y registrar. El observador produce un efecto muy real y mensurable en lo observado.

PASO TRES | Crea un collage de la visión

El efecto observador indica lo que los maestros espirituales han estado diciéndonos durante milenios. Si quieres que aparezca algo que no puedes ver en tu realidad actual, puedes manifestarlo encontrando el modo de "verlo" con tanta frecuencia y con tan riqueza de detalle como sea posible. Si puedes crear lo que tienes que observar con tu propia mente y con tus manos, tanto mejor. Toda la energía que dedicas al proceso se pone a trabajar inmediatamente para ayudarte a manifestar tu visión.

Aquí, en PASO TRES, sacarás el máximo partido del efecto observador creando un collage que represente tu visión y mirándolo al menos una vez al día.

LOS CIENTÍFICOS DICEN

Lo que vemos determina lo que experimentamos

"La principal actividad del alma es la manifestación de materia y energía, y conformar el mundo material por medio del conocimiento. Tanto la manifestación del mundo como el conocimiento que el alma tiene de él están sujetos a los principios de la física cuántica, específicamente al efecto observador y al principio de incertidumbre. Cualquier cosa que haya venido a la existencia lo ha hecho a través del efecto observador."

— Fred Alan Wolf, PhD
*The Spiritual Universe:
One Physicist's Vision of Spirit, Soul, Matter, and Self*

¿Qué es un collage de la visión?

Un collage de la visión es una serie de imágenes inspiradas que representan la plenitud de tu visión manifestada. Es tu creación singular, que diseñas para destacar los aspectos más relevantes del sueño que estás trayendo a la realidad. Crea un collage de la visión explosivo con docenas de fotos, recortes de revistas e imágenes impresas de tu ordenador. O también puedes diseñar un collage muy simple, con unas pocas imágenes bien ordenadas y distribuidas. Las imágenes que elijas pueden ser literales, metafóricas o ambas. ¡Depende de ti!

El collage te ayuda a hacer algo más que enfocar tus pensamientos y emociones en lo que deseas manifestar: te permite ver tu visión regularmente con colores vivos hasta que esté manifestada en la realidad.

Lo que necesitas para crear tu collage de la visión:

- Revistas y/o acceso a Internet.
- Tijeras, cola, cinta adhesiva y/o chinchetas.
- Un lienzo que haga de soporte (o cartón, papel o corcho, etc.).

Decide el "cuándo" y el "cómo"

Antes de crearlo, conviene pensar en cómo encajar tu collage en tu vida cotidiana para poder determinar el tamaño y el estilo que más te convienen.

- ¿Te gustaría que el collage de tu visión fuera lo primero que ves por la mañana al despertar?
- ¿Quieres asegurarte de que tu collage ocupe un lugar dominante en tu vida? Dale un *espacio* dominante en tu dormitorio u oficina extendiéndolo sobre varios soportes tamaño póster, o incluso haz que tu lienzo sea toda una pared.
- ¿Prefieres ser más discreto con tu visión, al menos de momento? Crea un collage en una hoja de papel tamaño folio. Después ponlo en la primera página de tu agenda, donde tú (y sólo tú) lo verás cada mañana.

Si tienes tiempo, puedes crear un gran collage con abundante espacio para muchas imágenes interesantes, y después diseñar una versión más pequeña para copiarla y distribuirla por lugares que visites frecuentemente.

Si tienes tiempo limitado, empieza por crear sólo un collage de la visión sobre una hoja de papel estándar, y después haz copias y distribúyelas por los lugares donde transitas habitualmente. (Si quieres, puedes volver más adelante a este mismo paso y crear un collage más grande).

Elige un soporte

Los cartones tamaño póster, la espuma plegable, las carpetas y el papel de envolver constituyen soportes estupendos para un collage. Pero no limites tu imaginación a estas opciones. ¡Sé creativo! A veces plastifico algunos de mis collages, les pongo una cuerda y los cuelgo de la ducha para verlos cada día.

Reúne imágenes que te inspiren

Busca en las revistas y en páginas de Internet las fotos e imágenes que representen aspectos de tu visión que resuenen contigo. Cada imagen que elijas debe inspirarte y energetizarte. Debes sentir que encaja, no sólo verse bonita.

Para crear mi collage de la visión para Matisse, exploré *Google Images* usando palabras de búsqueda como "diversión", "niños", "risa", "niños listos" y "niñito rubio". Encontré fotografías de niños animados y sonrientes que reflejaban el aspecto que tendría Matisse si fuera feliz, estuviera sano y creciera en todos los sentidos. Respondiendo a mi intuición, elegí fundamentalmente imágenes captadas en entornos naturales.

La foto de un niño brillante, levantando impacientemente la mano para conseguir la atención de su profesor, me conmovió profundamente, y se convirtió en una parte muy importante de mi creación. Una foto de un niño jugando felizmente con otros niños de su edad también adquirió un lugar prominente en mi lienzo. Instantáneas de familias felices que representan la vida familiar que quiero compartir con Matisse también encontraron su lugar en mi composición. Cuando acabé, el collage resonaba conmigo y era una representación plena y auténtica de la visión para mi hijo.

Buscando la inspiración

Ahora mismo, haz una tormenta de ideas para encontrar diez palabras que puedes introducir en un motor de búsqueda de Internet para encontrar imágenes inspiradas para tu "visión de aprendizaje":

1. _____
2. _____
3. _____
4. _____
5. _____

6. _____
7. _____
8. _____
9. _____
10. _____

www.CreandoMatisse.com

Recorta o imprime las imágenes, y reúne todas las que desees. Si te quedas sin espacio en el collage, puedes distribuir imágenes sueltas por tu hogar u oficina.

El tamaño importa: la ventaja de la imagen de Internet

Una ventaja importante de usar imágenes de Internet en lugar de recortes de revistas es que puedes cambiar el tamaño de las imágenes digitales con toda facilidad. Esto abre muchas opciones de diseño que no son posibles con las imágenes ya impresas.

Es muy fácil: simplemente copia y pega una imagen a un documento Word. Para hacerla más pequeña, haz clic sobre ella, y usa el ratón para seleccionar y arrastrar una de las flechas de las esquinas hacia el centro. Para ampliar la imagen, selecciona una flecha de las esquinas y arrástrala lejos del centro.

¡Ten cuidado con los saboteadores!

Cuando hayas acabado de reunir imágenes, míralas por encima para detectar posibles connotaciones negativas que no hayas visto la primera vez. La intuición, que te llevó a hacer estas elecciones, es una gran guía, pero está sujeta a interpretaciones.

Te voy a dar un buen ejemplo de lo que quiero decir. Hace unos meses, Adrián y yo estábamos cenando con nuestro amigo George y su esposa en su casa. Mientras tomábamos aquella deliciosa comida, él me dijo que se sentía *muy decepcionado* con su nuevo negocio, un restaurante que había manifestado usando el proceso de este libro.

Aparentemente todo parecía ir muy bien. El restaurante era popular. Funcionaba sin altibajos. El personal era de primera. El tráfico de clientes no podría haber sido mejor. Sólo había un problema: *¡No estaban ganando nada de dinero!*

Frustrado, George levantó sus manos y exclamó: "¡Todo este esfuerzo para ganar *céntimos!*" Al oírle, su esposa tomó aire, saltó de la silla, corrió al collage de la visión que él había creado para el restaurante y dijo: "Bueno, no es ninguna sorpresa, George. ¡Mira el panel de tu visión!" (Los collages de la visión más grandes reciben el nombre de "Paneles de la visión").

Estaba claro: una esquina del panel de la visión de George estaba dominada por la imagen de una gran pila de céntimos. George quitó inmediatamente los céntimos del panel y los sustituyó por otra imagen con fajos de billetes muy valiosos. Desde entonces, el negocio no sólo da beneficios, ¡sino que se está expandiendo!

¿Quieres alguna palabra de poder?

Si quieres, puedes poner tu visión clarificada en alguna parte del collage, junto con dos o tres frases impactantes de tu escrito.

También puedes examinar el enunciado de la visión y los anuncios de las revistas en busca de palabras y frases que te inspiren. Tecléalas e imprímelas desde tu ordenador, recórtalas de las revistas o escríbelas en hojas de papel de colores con rotuladores mágicos.

Mi collage para Matisse estaba lleno de expresiones como:

¡Inteligente!	¡Se porta bien!	¡Listo!
¡Concentrado!	¡Avanzado!	¡Equilibrado!
¡Sano!	¡Amoroso!	¡Alegre!

… y otras.

Una de mis clientes incorporó en su collage *Corazón como Loto* términos budistas como "dharma", "bodhi-chitta", compasión y "bondad amorosa". Estaba destinado al crecimiento espiritual. La frase "Si no soportas el calor, mantente fuera de la cocina" vino del anuncio de un guante de boxear que una mujer usó para su panel *Asertividad y Límites.* Y otra escribió "$150.000" en un gran burbuja de papel verde para su collage "Dinero", que representaba los ingresos que quería manifestar a lo largo de los seis meses siguientes en su negocio de consultoría.

Diseña tu collage

Cuando hayas reunido e impreso los componentes de tu collage, diviértete distribuyéndolos sobre el soporte. Juega con distintos estilos y aspectos. Cuando te sientas satisfecho con tu diseño, pega, adhiere o sujeta con chinchetas todas las imágenes en su lugar.

Paso Tres | Crea un collage de la visión

El diseño de un collage de la visión no se puede hacer "mal". No hace falta que se parezca a ningún otro. No tiene que ser atrayente o "hermoso". Si está bien para ti, entonces *está bien*.

¿Tienes poco tiempo?

Crea un mini collage en 10-30 minutos.

- Teclea tu visión clarificada y dos o tres puntos clave de la declaración de tu visión (si lo deseas) en un documento MS Word.

- Ve a Google, haz clic en el vínculo "Imágenes", situado en la esquina superior izquierda, y busca imágenes que representen aspectos clave de tu visión.

- Copia cinco o seis imágenes que resuenen contigo haciendo "clic" sobre ellas con el botón derecho del ratón, selecciona "Copiar Imagen" y pégalas en tu documento. (Puedes adaptar el tamaño de tus imágenes haciendo clic sobre ellas y arrastrando las flechas de las esquinas, como se ha comentado anteriormente en "El tamaño importa").

- Imprime tu creación… ¡y Voila! Tienes un collage de la visión plenamente funcional e impactante en media hora o menos.

Ahora, haz varias copias y distribúyelas por los puntos clave de tu hogar u oficina, llevando al menos una contigo en tu cartera o en el bolso.

"Toma" tu dosis diaria de visión

Asegúrate de tener un encuentro con tu collage al menos una vez al día, y más a menudo si es posible. ¿Por qué tan a menudo cuando estás limitando tus lecturas del escrito de la visión a una vez por semana? La inspiración que producen las imágenes tiene una vida mucho más larga. No vas a sentirte "quemado" por mirar al collage con demasiada frecuencia. De hecho, es prácticamente imposible ver imágenes o fotografías con demasiada frecuencia cuando representan una visión que estás manifestando activamente.

Piensa que mirar diariamente el collage es muy parecido a tomar tus vitaminas. Si tomas vitaminas cada día, marcan una gran diferencia en tu vida y en tu salud, pero no experimentas su impacto en el momento de tragarlas. Así mismo, ver tu collage cada día tiene un poderoso impacto en tu proceso de manifestación que no puedes medir en el momento.

Conforme crezcas en la maestría de la manifestación, siempre tendrás más de un collage en marcha, tal como tienes más de una visión en tu corazón, más de un sueño o deseo que realizar. Asegúrate de que uno de ellos esté diariamente delante de tus ojos, al menos:

- Por ubicación (colocándolo donde vayas a verlo automáticamente), o
- Por concertación (convirtiéndolo en parte de una rutina planificada)

Veamos cómo dos personas incorporan sus collages de la visión a su vida cotidiana:

- ANDREA. Andrea es una ejecutiva publicitaria muy ocupada y madre soltera, dispuesta a manifestar al compañero de su vida. Ha puesto su collage de la visión *Señor Brillante* (le gustan los hombres inteligentes) en el espejo del baño, cerca del lavabo. Esta ubicación es conveniente por dos motivos. En primer lugar, ella lo ve automáticamente cada mañana al despertar y cada noche antes de ir a la cama, lo que significa que se ahorra una "tarea" de su larga lista de quehaceres diarios. En segundo lugar, cuando se prepara para una cita, este collage es su compañero y *mentor*. Le recuerda lo que realmente desea de una pareja y le mantiene centrada a la hora de tomar decisiones relativas a la relación.

- MIKE. Mike es un abogado que trabaja con palabras la mayor parte del día, cada día. Tal vez por esa razón este paso tan visual es su favorito del proceso de manifestación. "Se ha vuelto loco por los collage", dice su esposa, y ahora tiene varios en marcha simultáneamente. Tiene uno para sus metas deportivas en levantamiento de peso, otro para el objetivo de facturar un millón de euros que ha fijado este año para su empresa, otro para el álbum musical que está grabando con su banda, y algunos más.

PASO TRES | Crea un collage de la visión

Al mismo tiempo, para Mike es importante mantener su entorno en orden. Por tanto, prepara todos los collages de sus visiones en papel, los introduce en fundas de plástico y los ordena en una carpeta de anillas. Después repasa la carpeta de anillas cada mañana al desayunar y cada noche antes de irse a dormir.

Con el tiempo, ha ido añadiendo secciones a la parte posterior del cuaderno de anillas para sus declaraciones y otros materiales relacionados con la gestión de la manifestación.

Cuando se haya hecho real, suéltalo

Puedes dejar de mirar diariamente al collage de tu visión cuando ésta sea tan real internamente que también se esté haciendo real en la vida externa. Si no sabes si ha llegado momento de soltar el collage, espera hasta que ya no evoque una cálida respuesta emocional en ti. A continuación, archívalo y vuelve a sacarlo únicamente cuando quieras volver a mirarlo.

Lleva el Paso Tres al siguiente nivel

Si quieres dar más fuerza al Paso Tres, crea un ancla visual, algo que puedas ver (¡e incluso tocar!) que represente un aspecto importante de tu visión, o su totalidad. Puedes hacerlo parte de tu collage o no. Depende de ti.

Mi única ancla visual para Matisse era una excelente cartilla de notas, como la que traería a casa cuando su curación se manifestara. Para hacerlo, tomé prestada una cartilla de notas de un niño del vecindario y la copié. Después borré el nombre del niño y cambié las calificaciones para que fueran: "Por encima de la media" o "Excelente". Finalmente, digitalicé la cartilla y tecleé el nombre de Matisse sobre ella, de modo que el producto final tuviera un aspecto muy parecido al de una cartilla legítima.

Lili, una madre que conozco, quería crear un estilo de vida "integral" para su familia, de modo que reemplazó un cuadro paisajístico de su cocina por otro con un cuenco de frutas y verduras. También cambió sus botes de acero inoxidable por otros de cristal, que llenó con arroz integral, alubias y legumbres coloridas, los alimentos que quería que su familia llegara a apreciar.

Mi alumno Zack, un guitarrista y compositor, se fabricó un "contrato" con la Warner Bros. Music, la compañía con la que tiene la esperanza de firmar a final de mes. Timothy, que quiere viajar por el mundo, empacó parte del equipaje que quiere llevar en sus viajes cundo venda su compañía. Dorianne tecleó una lista de solicitudes para su "ama de llaves aún-sin-manifestar" y la puso sobre la puerta del frigorífico.

Y mi marido Adrián hizo un asombroso compromiso visual y se tatuó una mariposa celta cuando decidió manifestar una metamorfosis espiritual en su vida.

Estos son otros ejemplos posibles de poderosas anclas visuales:

- Un hermoso portal web para un negocio que está naciendo.
- Un "libro de la novia", un álbum de recortes lleno de fotos y planes para tu boda.
- Un lugar en tu garaje para la motocicleta que estás manifestando.

… entre muchos otros.

Jack y Jim

¿Qué tienen en común el gurú, motivador, y mega autor de éxitos de ventas Jack Canfield y el laureado actor y superestrella Jim Carrey (además de las iniciales)? Ambos son súper triunfadores que emplean la fuerza de las imágenes para manifestar sus visiones de éxito personal.

Cuando Jack Canfield y su compañero Mark Victor Hansen estaban escribiendo su libro, *Chicken Soup for the Soul,* escanearon una copia de la Lista de Superventas del New York Times y teclearon su libro en el número uno de la lista. El resto forma parte de la historia de los éxitos de ventas y de los libros que han generado millones de dólares.

Jim Carrey era un cómico que apenas conseguía salir adelante en Hollywood cuando una noche condujo hasta lo alto de una colina y estuvo algún tiempo mirando la ciudad de Los Ángeles, soñando con la vida que deseaba. Mientras las luces de la ciudad resplandecían a lo lejos, él sacó su talonario, escribió un talón por diez millones de dólares, y anotó que era por "los servicios prestados como actor". Después lo fechó cinco años después y se lo metió en la cartera.

A lo largo de los cinco años siguientes, Jim Carrey llegó a ser uno de los actores más solicitados de Hollywood, y justo antes de que venciera la fecha de su cheque (que se había ido desintegrando lentamente en su cartera), ¡firmó un contrato por diez millones de dólares!

Resumen

Para completar el tercer paso, piensa en cómo incorporarás el collage de tu visión a tu vida cotidiana y elige un soporte del tamaño adecuado. Reúne imágenes que te inspiren (así como palabras y frases, si lo deseas) para representar tu visión. Ordénalo todo sobre el soporte, pegándolo y poniéndolo todo en su lugar únicamente cuando te sientas satisfecho con tu diseño. ¡Mira al collage al menos una vez al día! ◆ Si quieres llevar el tercer paso a un nivel superior, crea una única ancla visual para representar un aspecto importante de tu visión, o la totalidad de la misma.

Ahora, si has creado el collage, estás preparado para el cuarto paso: *Desarrollar un plan de manifestación,* que te llevará a emprender acciones inspiradas que sean congruentes con tu visión. Estas acciones darán a tu visión *dimensión* y *movimiento* en el plano material.

¿Puedes creerlo? ¡Ya estás en Paso Cuatro! ¡Estás progresando!

creando a Matisse

He decidido contactar con todos los logopedas, psicólogos infantiles y expertos en desarrollo de Barcelona hasta que encuentre a la persona adecuada para ayudar a Matisse.

Juntos, Adrián y yo, exploraremos todas las teorías nutricionales, terapias alternativas y métodos innovadores posibles que puedan ayudarnos a afrontar el problema que tiene nuestro hijo. Por supuesto, seguiremos con el tratamiento quiropráctico que supuso una diferencia tan grande al comienzo de su vida y que ayuda a aliviar su frustración.

En breve, haremos todo lo que podamos en el plano material para rescatar a nuestro hijo y volver su vida del revés, de acuerdo con lo que he llegado a llamar el "Plan del Universo para igualar tu inversión". Nuestra acción consistente y enfocada dará al Universo la energía que necesita para manifestar la nueva vida de Matisse.

Tomo unos rotuladores y unas hojas de papel gigantes de mi escritorio y pongo una silla junto a la mesa de la cocina. En medio de una de las hojas de papel escribo el resumen de mi visión: "Matisse: un niño sano que se desarrolla normalmente", y después dibujo un gran círculo a su alrededor.

A medida que se me ocurren acciones prácticas que puedo llevar a cabo para ayudarle, las escribo en burbujas que parten de la burbuja central de mi visión en medio de la página. Muy pronto tengo la hoja cubierta de acciones que puedo hacer en nombre de mi hijo. Es un gran lío, pero ¡no me importa!

Empiezo llamando a la escuela de Matisse para que me ayuden a encontrar a un especialista para él. Mientras marco el número me siento llena de energía y optimismo, y no sólo porque estoy haciendo algo práctico, sino también por lo que he oído esta mañana. Matisse ha dicho: "¡Da!" (Papá) sin tartamudear ni siquiera unas pocas veces cuando he entrado en su habitación para prepararlo para la escuela. Sé que no ha sido mi imaginación ni una casualidad, porque a Adrián le ha ocurrido lo mismo mientras se afeitaba antes de desayunar. Matisse entró y le tiró de la camisa: "¡Da! ¡Da!". Lo ha dicho dos veces sin tartamudear.

El tartamudeo ha vuelto unos segundos después, pero este episodio ha ocurrido. Ha ocurrido. Ha hablado sin tartamudear. Sólo cuatro días después de haber comenzado el proceso de manifestación ya estamos en camino.

Paso Cuatro
Desarrolla un plan de manifestación y ponte en acción

Haz una tormenta de ideas relacionada con tu visión y planea un curso de acción; después progresa diariamente de manera práctica hacia la manifestación.

El hierro se oxida cuando no se usa,
el agua estancada pierde su pureza, y cuando hace frío se congela;
asimismo, la inacción absorbe el vigor de la mente.

— Leonardo da Vinci
Artista renacentista italiano (1452–1519)

Después de sentirnos inspirados por enseñanzas que se centran en los aspectos mentales y espirituales de la manifestación, muchos de nosotros hemos llegado a creer que la creación de la realidad es un *proceso* completamente mental y espiritual. Hemos desarrollado la idea errónea de que manifestar nuestras visiones debería ser tan simple como solicitar una orden "para llevar" al Universo y esperar que llegue el repartidor.

De modo que cuando nuestras visiones no se manifiestan, nos sentimos desanimados, o aún peor que eso. Nuestras dudas nos gritan al oído: "¡Los criticas tienen razón! ¡Esto no funciona!"

El hecho es que este proceso funciona *siempre,* pero espera que *nosotros* también hagamos nuestra parte. El mensaje que nuestros profesores están tratando de comunicarnos es un mensaje de acción *inspirada,* más que de *inacción.* Ellos se enfocan en los aspectos mental y espiritual de la manifestación de la realidad para resaltar el hecho de que ya no tenemos que "esforzarnos" constantemente por hacer que nuestras visiones se conviertan en realidad. (En cualquier caso, ¡eso nunca funciona!). En lugar de eso, podemos invertir nuestro tiempo y energía en un proceso creativo que se desarrolle de manera natural y les *permita* venir a la existencia.

Llamo a este proceso creativo el "Plan del Universo para igualar tu inversión". Funciona de manera muy parecida a un plan de pensiones en el que el empresario dobla euro a euro las inversiones realizadas por su empleado (hasta un límite predeterminado). Pero es mejor que eso, ¡mucho mejor!

En este plan, el Universo iguala toda la energía y la acción que inviertes en tu visión con tanta o más energía y acción que él le asigna *en tu nombre*. No hay nada que "tapone" tu contribución ni la del Universo, de modo que ponerte en marcha es como comprar un billete de lotería sabiendo que vas a ganar, ¡y mucho! (La única cuestión es: ¿Cuán grande va a ser tu ganancia?)

LOS CIENTÍFICOS DICEN

¡Alteramos la realidad mediante la acción consciente!

"En último término, a un nivel más profundo de conciencia (la dimensión antes de que la materia adquiera consistencia), estamos conectados con todo lo demás en el universo. Con nuestras interacciones conscientes en la vida podemos influir en la energía que mantiene unidos el universo y todos sus componentes, porque estamos hechos de esa misma energía. Por lo tanto, no podemos cambiar lo que pensamos, cómo actuamos y quiénes somos sin alterar la trama de energía infinita. Cuando cambiamos verdaderamente, el campo de potenciales de nuestra vida personal también debe cambiar. El resultado de tales esfuerzos nos trae circunstancias de vida nuevas y diferentes, que corresponden a la persona en la que nos hemos convertido."

— Joe Dispenza, DC and BSc Neurology
Evolve Your Brain: The Science of Changing Your Mind

La acción es energía emocional... en movimiento

Las acciones que emprendas en nombre de tu visión siempre te ofrecerán grandes dividendos. No obstante, *a menudo tus acciones no mantendrán ninguna relación lógica con los resultados positivos que ellas crean*. Ves, el Universo responde a la energía física, emocional y mental que inviertes en la manifestación. Tus acciones simplemente son expresiones de esta energía.

Puedes ver cómo funciona esto observando en acción a los vendedores profesionales. Cuando los vendedores hacen llamadas "en frío" y nuevos contactos, el dinero empieza a entrar. Cuantas más llamadas y contactos hacen, más dinero ganan. Cuando no hacen llamadas y contactos, las ventas empiezan a caer. Parece de sentido común, ¿cierto?

En realidad, esto no tiene ningún "sentido" en términos lógicos, por esta razón: a menudo, las ventas que entran *aparentemente no guardan ninguna relación* con las llamadas y los contactos que han hecho los vendedores. De hecho, hay comerciales en diversas empresas y ramos de la industria que atestiguan que las llamadas y contactos que hacen raras veces acaban en una venta directa.

Consiguen firmar contratos y recibir cheques gracias a preguntas accidentales, a llamadas y contactos iniciados por los clientes. Sin embargo, dichos contactos no parecen ocurrir a menos que la persona tome el teléfono regularmente y llame a personas que nunca van a comprar su producto.

Los mismos principios energéticos que operan en los contactos profesionales de los vendedores también son válidos para el proceso de manifestación. Por tanto, no te sorprendas si emprendes una acción por la mañana y el proceso de manifestación recibe un impulso sin relación aparente por la tarde.

Cuando apliqué el cuarto paso de mi visión para Matisse, hice docenas de llamadas a expertos, y casi todas ellas fueron infructuosas, *en la superficie.* Habíamos previsto que tendríamos que seleccionar entre ellas para encontrar la opción óptima para nuestro hijo. En cambio, los expertos se descartaron a sí mismos diciéndonos:

"Lo siento, no puedo ayudarle".
"Esto queda fuera de mi campo".
"Ahora mismo no aceptamos nuevos clientes".
"Tenemos una lista de espera de seis meses".
"Sólo trabajamos con niños mayores".

Pasaron seis meses antes de que pudiera llevar a Matisse a una psicóloga infantil. A esas alturas, su proceso de manifestación ya estaba tan avanzado que la psicóloga no se podía creer los problemas de aprendizaje que le describíamos.

Después de todos nuestros intentos, la única terapia continuada que pudimos establecer para Matisse fue una cita semanal con una logopeda, e incluso ella nos dijo que la ayuda que podía ofrecernos era muy limitada debido a su lesión neurológica.

Paso Cuatro | Desarrolla un plan de manifestación y ponte en acción

Por supuesto, Matisse ahora es un niño sano que se desarrolla normalmente, le encanta aprender y habla hasta por los codos. No sólo se ha curado del problema del habla, sino que habla tres lenguas tan fluidamente que es difícil distinguir cuál es su lengua natal. Y ahora disfruta de una relación pacífica y amorosa con su padre, con su hermana y conmigo, su madre.

Entonces, ¿habríamos obtenido el mismo resultado si sólo hubiéramos implementado los aspectos mentales y espirituales de la manifestación? *¡De ningún modo!* Aunque nuestras acciones no conllevaban ninguna relación directa causa-efecto con su manifestación, eran depósitos en el "Plan de equiparación del Universo". ¡Y trajeron grandes compensaciones!

Haz una tormenta de ideas sobre papel

Probablemente tienes muchas ideas sobre las acciones que podrías emprender en nombre de tu visión, así como preguntas que requieren respuestas y otros pensamientos sobre tu visión que están dando vueltas ahora mismo en tu mente. Lo primero que tienes que hacer es sacártelos de la cabeza y anotarlos en una hoja de papel. Esto significa que es hora de hacer una "tormenta de ideas".

La "tormenta de ideas" es una herramienta de manifestación muy poderosa y creativa por tres motivos importantes. En primer lugar, alivia tu mente de la presión de recordar y gestionar todas las ideas que la inundan cuando piensas en tu visión. Aquieta tu cerebro, por así decirlo. En segundo lugar, libera mucho "espacio" mental para que las ideas creativas que burbujean bajo la superficie de tu conciencia puedan salir a flote y captar tu atención. En tercer lugar, la lista final constituye una fuente de información central que puedes usar para planificar acciones congruentes.

Recuerda, no estás planificando todo tu proceso de manifestación. Simplemente estás planificando las primeras acciones congruentes que quieres emprender en nombre de tu visión, basadas en las ideas inspiradas que ya vibran dentro de ti. En cualquier momento del proceso de manifestación puedes tomar bolígrafo y papel y hacer una tormenta de ideas para las acciones de seguimiento. ¡Espero que la hagas!

Tormenta de ideas

Ahora mismo, elige una de las dos estrategias para la tormenta de ideas y ¡diviértete!

Estrategia A: Crea una larga lista de ideas atrevidas

Si las ideas ya rebosan tu mente, crear esta lista será una herramienta estupenda para ti.

Para crear una larga lista, siéntate y anota todas las acciones potenciales, preguntas y pensamientos que rondan en tu mente en relación con tu visión. Después, tómate un descanso para obtener una nueva perspectiva y revisa la lista en busca de aspectos que hayas pasado por alto o que quieras añadir.

Acciones que quiero emprender para llevar a cabo mi visión…

_____

_____

Preguntas que quiero responder…

_____

_____

Pensamientos que quiero explorar…

_____

_____

Estrategia B: Dibuja un Mapa Mental

Dibujar un mapa mental es una estupenda manera de liberar tu creatividad. Si te consideras una persona artística, una "persona visual" o un pensador espacial, te sentirás en casa con esta técnica divertida y un poco liosa.

En primer lugar, anota tu visión clarificada en el centro de una gran hoja de papel y dibuja una burbuja a su alrededor (me gusta usar rotuladores brillantes y papel alimentario, pero puedes usar lo que tengas a mano).

A continuación, piensa en las principales tareas que quieres realizar con relación a tu visión. Anota cada una de ellas en su propia burbuja y dibuja una línea que la conecte con la burbuja de tu visión clarificada. Después de eso, a medida que fluyan a tu conciencia las acciones, preguntas y pensamientos relacionados con cada una de las tareas principales, dibújales sus propias burbujas.

Puedes ver ejemplos de mapa mentales completos en la página del web: www.CreandoMatisse.com.

Puedes usar el diagrama siguiente para crear un mapa mental de tu primera visión.

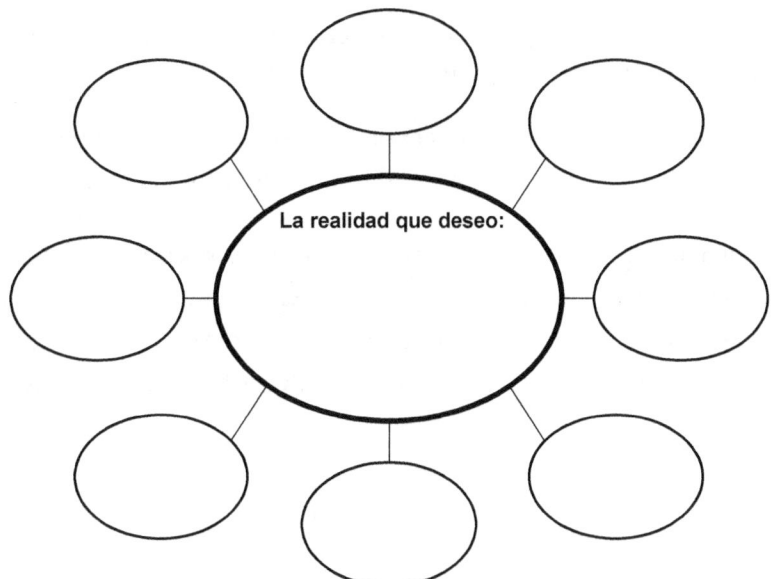

www.CreandoMatisse.com

Elabora un "plan de puesta en marcha"

Cuando hayas acabado con tu mapa mental, decide si estás preparado para actuar sin planificar más. Si has identificado un puñado de cosas "por hacer", probablemente puedes trabajar a partir del mapa. Pero si tu mapa tiene más de ocho o diez burbujas, tal vez quieras tomarte unos minutos para elaborar una lista (de ideas atrevidas) antes de seguir adelante.

Ahora, calcula el tiempo que podría llevarte completar cada acción individual y explora cada pregunta o pensamiento que se te haya ocurrido durante la tormenta de ideas. *Dobla* tu estimación y anótala. Sigue así hasta que cada elemento de la Lista Larga o de tu mapa mental tenga a su lado una estimación de tiempo generosa.

Estos son algunos ejemplos:

- Llama a la universidad local preguntando por materiales para futuros alumnos (20 minutos).
- Contacta con 3 o 4 guarderías infantiles para obtener información y tarifas (90 minutos).
- Habla a tu jefe de tus planes para volver a estudiar y pídele un horario de trabajo flexible (60 minutos).
- Llama a Claire y queda a comer con ella para averiguar cómo concilia la vida familiar y laboral con los estudios universitarios (10 minutos).

A continuación, programa las acciones que quieres realizar en tu agenda o calendario en días en los que creas que vas a tener tiempo para completarlas. Seguidamente, establece citas contigo mismo para explorar las preguntas y pensamientos que se te ocurrieron cuando estabas haciendo la tormenta de ideas.

PASO CUATRO | Desarrolla un plan de manifestación y ponte en acción   73

Juega a ganarle a tu plan

Cuando hayas encontrado un lugar en tu agenda para cada elemento de tu Lista Larga o mapa mental, guárdalo en algún lugar que te quede a mano. Cuando tengas unos pocos minutos u horas libres, saca el plan y encuentra una tarea cuya estimación de tiempo sea compatible con el tiempo disponible y realízala antes de tiempo. Ve cuántas acciones puedes completar, cuántas preguntas y pensamientos puedes explorar antes de que llegue su momento. ¡Haz de ello un reto personal, un juego!

A medida que reúnas información y entiendas mejor tu proceso, tómate tiempo para pensar en soluciones a los problemas y planea nuevas acciones en nombre de tu visión, usando las técnicas que he compartido contigo y las que aprendes de otros. (Consulta la sección de *Recursos Recomendados* de este libro y de www.CreandoMatisse.com para acceder a libros y herramientas relacionados con la gestión de proyectos).

Con el tiempo desarrollarás tu propio estilo de planificar la manifestación, el que funcione para ti, tus visiones y tu particular estilo de vida. Pero éste es un modo rápido y genial de hacer suficiente planificación para avanzar con una mente clara, al tiempo que te mantienes abierto a la inspiración y a las sorpresas.

Un plan, no una predicción

Estás operando al cuidado de un Universo sabio y abundante que tiene sus propios planes para convertir tu visión en realidad, planes que te sorprenderán y muchas veces te plantearán retos y te emocionarán durante el proceso de manifestación.

Empieza a actuar en nombre de tu visión tan rápidamente como puedas. Antes de que te des cuenta, el Universo igualará o mejorará tu inversión energética, ofreciéndote ayuda, apoyo y recursos que acelerarán tu manifestación de maneras que te animarán.

Procura realizar algún progreso práctico cada día, aunque se trate de algo que piensas en el calor del momento. Completar incluso una mini-tarea, como una llamada telefónica o un email, ayuda a mantener tu energía física, emocional y mental fluyendo hacia tu visión de manera continuada.

Prémiate

Cuando emprendas acciones inspiradas, descubrirás que la mayor parte de las veces disfrutas de ellas. Pero, de vez en cuando, todos tenemos que hacer cosas que nos resultan incómodas durante el proceso de manifestación. Tomar la decisión de premiarte por hacer una tarea particularmente farragosa puede ayudarte a completarla. De hecho, los Maestros Manifestadores tienden a ser muy buenos en esto de compensarse a sí mismos por hacer tareas difíciles o desagradables.

Prémiate siempre tal como lo has planeado, aunque pienses que no es realmente necesario. Si no te premias tal como te has prometido, dejarás de mostrar integridad hacia ti mismo y empezarás a posponer las acciones que temes, te disgustan o no te parecen atrayentes.

En tu proceso de manifestación debe haber pocas tareas que no te gusten y deben estar espaciadas entre sí. Si te disgustan muchas de las cosas que tienes que hacer para manifestar tu visión, presta atención al mensaje que tus emociones negativas pueden estar enviándote.

Es posible que desees reevaluar tu visión para estar seguro de que es algo que realmente quieres: algo que te sientes verdaderamente inspirado a traer al mundo.

Una página cada vez

Cuando ella—una terapeuta de éxito con una carrera meteórica y unos niños muy energéticos—sintió la inspiración de escribir un libro sobre curación angélica, decidió progresar diariamente hacia su visión. No esperó a que se despejara su agenda ni a que aterrizaran en su regazo semanas de tranquilidad. Más bien, usó el tiempo de que disponía para hacer un progreso lento y constante.

Cuando los niños se acostaban por la noche, trabajaba un rato en su libro antes de ir a dormir. A lo largo de un año completó su manuscrito tal como hacen todos los autores: una página tras otra. Su libro, *Healing with the Angels,* se convirtió en un éxito de ventas en su género, lo mismo que algunos de los siguientes libros de la doctora Doreen Virtue.

Resumen

Para completar el cuarto paso, piensa en las acciones que vas a emprender de una manera nueva, piensa en ellas más como una inversión en el "Plan del Universo para igualar tu inversión" que como un "trabajo". Haz una tormenta de ideas sobre las acciones que te sientes inspirado a emprender en nombre de tu visión, así como las preguntas y pensamientos que quieres clarificar. Estima el tiempo que cada una de estas tareas requiere, después dobla tu estimación y anótala. Prográmalo todo en tu agenda o calendario. Después juega a "Ganarle al plan". ◆ A lo largo del proceso, recuerda que lo que verdaderamente importa es el hecho de ponerse en marcha y actuar, más que las acciones específicas. La energía que dirijas hacia tu visión producirá directa o indirectamente resultados positivos.

Ahora bien, si has hecho aunque sólo sea un plan simple y te has puesto en marcha de algún modo para que tu visión avance, estás preparado para limpiar tu mente y tu vida de los bloqueos que consumen tu tiempo y energía en Paso Cinco: *Despeja espacio en tu mente y en tu vida.*

creando a Matisse

En sólo una semana he clarificado mi visión para Matisse, he creado un escrito y un collage para su manifestación, y he desarrollado un plan de manifestación. Y todo ello mientras cuido de mis pacientes, dirijo mi negocio, superviso mis inversiones, pago mi condena de ser la mayor irritación de mi hijo (y su persona menos favorita), procurando que la pequeña Tahlia no se pierda en todo este torbellino, y hago malabarismos con otra docena de compromisos y responsabilidades. ¡Y me siento agotada!

Tengo cada vez más claro que debo liberar más espacio en mi vida para dedicarlo a cada aspecto de la manifestación de Matisse, y cuidar de mí misma, de mi familia y de mis pacientes simultáneamente.

Aunque ya tengo instalados varios sistemas de gestión eficaz en casa y en el trabajo, estoy gastando energía física y mental a un ritmo que no puedo mantener mucho más tiempo. De modo que me siento y hago una lista de todas las actividades de mi vida que puedo eliminar, delegar o minimizar sin comprometer mis valores.

Pero no me voy a detener ahí. A lo largo de las próximas semanas y meses, Adrián y yo vamos a examinar detenidamente nuestra vida familiar y eliminar cualquier cosa que pueda obstaculizar esta manifestación. Tendremos que tomar algunas decisiones duras, pero cuando comparemos su costo con el valor de la libertad de Matisse, comprobaremos que podemos tomarlas.

Sí, me siento agotada, pero no podría ser más feliz. El tartamudeo constante de Matisse, nuestro constante compañero desde que hizo sus primeros intentos de hablar, ha desaparecido casi completamente. ¡Desaparecido!

Su vocabulario está aumentando a un ritmo que no podría creer si no lo oyera cada día con mis propios oídos. Cada noche, Adrián y yo comparamos notas sobre las nuevas palabras que dice Matisse. Sigue teniendo dificultades de pronunciación, pero la mejoría es más que notable, es milagrosa.

Incluso pienso que se siente más feliz, un poco menos frustrado, un poco menos enfadado. ¡Y sólo llevamos una semana!

PASO CINCO
Despeja espacio en tu mente y en tu vida

Crea espacio físico y mental para tu visión gestionando con decisión las tareas y actividades a medida que surjan, despejando tu vida y diseñando sistemas de apoyo.

*Deja sólo para mañana
aquello que podrías dejar sin hacer al morir.*

— Pablo Picasso
Artista español (1881–1973)

¿Está tu mente inundada por un aluvión de recordatorios como: "¡No te olvides de recoger la ropa de la limpieza en seco!", "¡Oh, no, tenía que haberlo hecho ayer", y "¡Realmente necesito instalar ese nuevo sistema informático en la oficina!"?

Si es así, tu mente no está gestionando tu vida; tu *vida* está gestionando tu *mente*. Tu sistema nervioso simpático, diseñado para mantenerte en marcha cuando tienes cosas que atender, está haciendo su trabajo y acosando tu cerebro con impulsos eléctricos incesantes y estresantes secreciones hormonales. Quiere que *prestes atención.*

Quiere que te mantengas en un estado de alerta, en un estado de "lucha o huída" característico de las situaciones de supervivencia, de modo que tu entorno no te sorprenda, agobie o dañe. Cree que te está salvando la vida llevando a primer plano de tu atención tan frecuentemente como puede todo lo que necesitas hacer para sobrevivir (¡o eso es lo que interpreta!).

Bombardeada por impulsos eléctricos y estallidos de cortisol y otras hormonas estresantes, una y otra vez a lo largo del día, ¿cómo podría tu mente estar en paz, y mucho menos ser libre para crear y transformar? *No puede.*

Piensas aproximadamente entre 60.000 y 80.000 pensamientos al cabo del día. Como manifiestas tu realidad a través de ellos, su mero número representa un potencial co-creativo asombroso. Pero si tu cerebro está a cargo de tu mente (¡en lugar de ser al revés!), estás perdiendo casi todo ese potencial en distracciones, frustraciones y tensiones.

Para llevar tu visión a la realidad, necesitas limpiar tu mente de estos recordatorios indómitos y repetitivos, y de todo el tumulto físico y emocional que les acompaña. *Puedes hacerlo gestionando los detalles de tus operaciones diarias de un modo pro-activo y sistemático.*

Pero eso sólo es el principio. Si eres como la mayoría de nosotros, tienes demasiados compromisos y actividades que compiten por tu atención para poder darle a tu visión el espacio que necesita para manifestarse en tu vida. No

PASO CINCO | Despeja espacio en tu mente y en tu vida

tienes *tiempo* para sacar el máximo partido de tu proceso de manifestación, ni tendrás *energía* para disfrutar de tu manifestación cuando llegue.

Piénsalo: si tu visión llamara a tu puerta y se anunciara dentro de 5 minutos, ¿podrías darle la bienvenida en tu vida? ¿O tendrías que darte la vuelta porque no estás preparado o tienes que asistir a una reunión?

Bien, ¡es posible que estés haciendo eso ahora mismo! ¿Y para qué? Lo más probable es que sólo unas pocas de tus actividades y compromisos reflejen lo que realmente te importa: tus valores y tus visiones para ti mismo y para el mundo.

El gran artista Matisse nunca pensaría en pintar una obra maestra en un lienzo sucio, o en uno que ya estuviera cubierto de imágenes. Como artista de la manifestación, necesitas un lienzo limpio, en blanco, sobre el que crear tu obra maestra.

Ahora bien, aquí es donde la cosa se complica un poco a corto plazo. Estoy segura de que has oído el dicho: "¡Tienes que gastar dinero para hacer dinero!" El mismo principio es aplicable a tus pensamientos, tiempo y energía. A menos que ya seas un muy hábil gestor de tu vida, el quinto paso te exigirá una significativa inversión inicial *de los tres*.

¿La buena noticia? Tu inversión te dará rápidamente un rédito sustancial. Abrirá un camino a tu mente y a tu vida para la visión que estás manifestando ahora mismo, y empezarás a hacer sitio para visiones aún más interesantes en el futuro.

¿La noticia estupenda? Sólo tienes que destinar al paso cinco un esfuerzo concentrado durante unas pocas semanas, mientras construyes nuevo hábitos y te libras de lo que más agota tu tiempo y energía. Posteriormente bastará con dedicar un poco de energía al mantenimiento y un pellizco aquí o allí, y siempre tendrás un lienzo limpio y preparado sobre el que pintar tus nuevas visiones.

LOS CIENTÍFICOS DICEN

¡Deja de hacer malabarismos!
La atención concentrada es atención eficaz

"Cuando intentas hacer 'dos cosas a la vez', tu atención, en cualquier momento dado, se dirige a una u otra actividad, en lugar de ambas al mismo tiempo. Y, lo que es más importante: estos cambios reducen tu eficiencia en lugar de incrementarla. Agotan tu tiempo y energía. Con cada cambio de atención, tus lóbulos frontales—los centros del control ejecutivo en la parte frontal de tu cerebro—deben cambiar de objetivo y activar nuevas normas operativas."

— Richard Restak, MD
The New Brain: How the Modern Age is Rewiring Your Mind

Gestiona con decisión tus tareas y actividades potenciales

Empieza a evaluar inmediatamente las tareas y actividades potenciales a la luz de tus valores y visiones. Cuando recibas esa llamada pidiéndote un favor, abras ese email con una petición de un cliente o encuentres ese anuncio de un seminario en tu buzón de correo, pregúntate:

- ¿Necesito hacer esto para potenciar mis valores y mis visiones?
- *¿Necesito* hacerlo?

Si la respuesta a estas dos preguntas es "sí", plantéate:

- ¿Puedo emprender la siguiente acción asociada con esta cuestión en los próximos 2 minutos?

- ¿Puedo emprender la siguiente acción asociada con esta cuestión sin interrumpir mi flujo?

Si la respuesta a cualquiera de estas preguntas es "sí", realiza esa acción inmediatamente. Hazla y quítatela de en medio, despejando tu mente.

Cada vez que haces algo que tienes que hacer *sin invertir tiempo en planificarlo o gestionarlo,* ahorras un poco (de tiempo) de tu vida, o tal vez mucho. Recuperas tu serenidad mental, tu espacio y tu tiempo para dedicarlos a lo que realmente te importa, incluyendo tus visiones.

Si tienes que emprender una acción que requiere más de unos minutos de tiempo, pero no es imprescindible que la hagas personalmente, delégala.

Pide o contrata a alguien que se encargue de ello en tu lugar y siéntete satisfecho con un trabajo notable o excelente. Sí, tú podrías haberlo hecho mejor en casi todos los casos, pero, ¿merecerá la pena el rédito de tu inversión?

Si eres tú quien debe hacer el trabajo pero no tienes tiempo para ello ahora mismo, prográmalo para más adelante. Escribe una nota y ponla en un lugar donde lo vayas a encontrar naturalmente en el momento adecuado:

- Anota una "tarea pendiente" en un espacio adecuado de tu agenda.
- Envíate un email recordatorio que mantendrás sin leer en tu buzón hasta que hayas hecho esa acción.
- Márcalo sobre un calendario de papel o haz una entrada en tu agenda electrónica.
- Adosa el recibo o invitación al monitor del ordenador o al espejo del baño.

Realiza alguna acción que te *asegure* que volverás a encontrarte con esa información en el momento óptimo. Desde ese instante tu cerebro no seguirá sintiendo la necesidad de recordarte que "lidies con ello o que sufras las duras consecuencias".

Si no te va a ayudar a llevar adelante tus visiones o tus valores, di "no" grácilmente. Haz la acción mínima que se requiera para sacártelo de la conciencia tan rápidamente como puedas. Llama con tu excusa, escribe un email diciendo que te encantaría pero no puedes, o tira el tríptico a la papelera y después *déjalo que se vaya de tu mente*.

No pierdas tiempo preguntándote: "¿He hecho lo correcto?" Si lo has hecho, no hay nada más que pensar. Si no lo has hecho, pensar en ello sólo te hará perder el tiempo. Seguramente lamentarás algunas de tus decisiones rápidas, pero las ventajas intensamente positivas (paz mental, tiempo, ahorro de energía) que obtendrás a cambio compensarán con mucho los errores ocasionales y las oportunidades perdidas. Una parte significativa para alcanzar la maestría de la manifestación es ser capaz de decir "no" y mantenerlo.

Crea una carpeta y ponle por título "Depende"; incluye en ella todos los proyectos que no tengas claros y revísala cada semana. Si a pesar de tus mejores esfuerzos no puedes tomar una decisión sobre una tarea o actividad potencial, toma el camino de salida más fácil. Pon una nota-recordatorio o una hoja en tu carpeta "Depende", creada especialmente para este propósito (uno de los mayores inventos para gestionar el tiempo conocido por el ser humano).

Destina tiempo a revisar tu carpeta "Depende" a la misma hora cada semana, tal vez mientras limpias tu escritorio para el fin de semana o mientras haces las cuentas. Cuando revises la carpeta, si no sientes un "sí" claro que te impulse a seguir adelante con una tarea o actividad potencial, *no la hagas*. Puedes tirar la nota u hoja a la basura, o guardarla en la carpeta para la próxima revisión, cuando tal vez tengas más información.

A nuestra familia le encanta ir al Cirque du Soleil, el gran espectáculo gimnástico. Este año, cuando recibí su folleto promocional, vi que iban a ofrecer su espectáculo durante una época en la que yo estaría muy ocupada. Pero a todos nos encanta tanto la experiencia que no quería tirarlo a la basura. Después de todo, podríamos acabar teniendo tiempo para ir.

Como tenía mi carpeta Depende para poder postergar la decisión, pude poner el folleto allí para considerarlo más adelante sin que ocupase sitio en mi mente ni en mi escritorio. ¡Y al final pudimos ir!

Hagas lo que hagas, no dejes que ninguna tarea o actividad potencial se quede dando vueltas en tu cabeza, saltando a tu conciencia una y otra vez y robándote atención de las actividades que son verdaderamente importantes para ti.

Toma decisiones rápidas y claras, y actúa a partir de ellas sabiendo que cometerás errores, pero que ese intercambio merece mucho la pena. Harás todo lo que realmente necesitas hacer. De hecho, harás mucho más de lo necesario a medida que adquieras destreza en la toma de decisiones rápidas.

Despeja tu vida

De modo que este proceso se hará cargo de las tareas y actividades potenciales que fluyan hacia tu vida a partir de este día. Pero, ¿qué pasa con todos los cabos sueltos del pasado que aún tienes que abordar? ¿Qué pasa con los ladrones del pensamiento, los agotadores del tiempo y los desperdiciadores de energía que están minando tu proceso de manifestación ahora mismo? También tienes que limpiarlos.

Para ayudarte a hacerlo, he clasificado en cuatro categorías las principales áreas de la vida en las que la gente tiende a acumular "trastos viejos", tanto físicos como emocionales. Y para facilitarte que puedas recordarlo en el futuro, he creado un acrónimo: E.F.R.E.

Limpia las cuatro áreas de tu vida (E.F.R.E.):

- Espacios de vida y de trabajo.
- Flujo de información y papeleo.
- Relaciones con familiares y amigos.
- Expectativas y compromisos.

Espacios de vida y de trabajo: descongestiona y despeja

Líbrate de tantos trastos como puedas de tu hogar y de tu espacio de trabajo. Si tienes muy poco tiempo, haz lo que puedas en unas pocas horas. Sácate de en medio lo más grande en la próxima semana o dos, y después, en cuanto dispongas de tiempo, aborda las cosas pequeñas. La mayoría de la gente puede limpiar sus espacios vitales y de trabajo de aproximadamente el 80% de los trastos que le distraen y le agotan en aproximadamente el 20% del tiempo que haría falta para limpiarlo todo. Te sorprenderá cuánto puedes conseguir en una tarde.

En cuanto a tu trabajo, ten una hoja de papel a mano y haz una lista de todas las tareas incompletas que ocupan tu mente ahora mismo. Añade nuevos elementos a tu lista conforme se te ocurran.

Lleva una caja contigo de una habitación a otra y llénala con toda la información suelta y los papeles que tienes por allí: recordatorios, notas, folletos, tarjetas de visita sueltas, notas escolares para los niños, notas de encuentros… todo.

Reúne toda la ropa que no has vestido a lo largo del último año y regálala. Tira todas las viejas cintas VHS a la basura y recicla tus pilas de revistas. Saca todos los "extras" de la cocina (cuencos de mezcla, procesadores de alimento, etc.) y dáselos a personas que realmente puedan usarlos, tal vez una pareja de recién casados o un estudiante universitario. Paga a tu hijo adolescente o a los niños del vecino para que te limpien el garaje de las cosas que no usas, reparas o acabas nunca.

Si tu hogar está lleno de recuerdos que no quieres, o incluso te disgustan, pero no has sido capaz de separarte de ellos porque te los dio un ser querido, ahora es el momento de eliminarlos. Toma fotos de ellos y encuéntrales nuevos hogares amorosos, o simplemente regálalos a una tienda de artículos de segunda mano. Seguro que los encuentra alguien que los aprecia verdaderamente. Mientras limpias, recuérdate que no estás diciendo adiós a la gente que amas. Estás diciendo adiós a cosas que sabotean tu energía regularmente.

Termina cualquier pequeño recado molesto, tareas o reparaciones que compiten por tu atención. Si te altera una tarea inacabada y aparentemente sin importancia que has de hacer en tu casa o en la oficina, entonces no es tan intrascendente. Da prioridad a su resolución, aunque sientas que no es suficientemente importante como para abordarla inmediatamente (¡mientras estás tan ocupado con cosas más importantes!). Sácala de tu camino, de tu mente y de tu *vida* a la primera oportunidad que tengas.

Cambia esa bombilla fundida que tanto te molesta cada vez que la ves y reabastécete de material de oficina. Devuelve a la biblioteca ese libro que has ojeado por encima y el pañuelo a tu amiga antes de que termine el día. Contrata a alguien para que clasifique tus fotos familiares que tienes en una caja en el rincón de tu escritorio y te produce culpabilidad cada vez que la miras.

Seguidamente, continúa progresando cada semana y limpia las cosas menos obvias y apremiantes que sabotean el espacio (pero sigue siendo implacable). Concierta una cita contigo mismo para archivar los documentos de tu ordenador. Contrata a alguien para que limpie los matorrales que crecen detrás de tu casa.

Despeja tus espacios vitales y laborales para hacer sitio a tu visión.

Información y papeleo: reúne, clasifica y recicla

Una vez que hayas descongestionado tus espacios en el hogar y en el trabajo, toma la lista de "tareas por hacer" que has elaborado durante el proceso, junto con la caja de objetos diversos y los papeles que has reunido. Clasifica las cosas de la lista y el material que tienes delante de ti, planteándote estas preguntas:

- ¿Puedo simplemente deshacerme de ello? (Aún mejor: recíclalo si es posible).

  Tacha de la lista aquellos elementos que no potencian tus valores y visiones. Tira todos los papeles que puedas. Con Internet, el 99 por 100 de los materiales de referencia, tarjetas de visita y folletos son redundantes. Simplemente son obstáculos en tu camino. ¡Purga, purga, purga!

- ¿Puedo hacerlo ahora, en 5 o 10 minutos, o incluso menos?

  Ahora mismo apúntate al seminario, envía la donación, paga esa factura suelta, haz la nota para tu hijo (o pégala en su puerta). Pon los recibos de gastos del año pasado en un sobre y envíalos a tu contable con una nota indicándole la siguiente acción que tenéis que hacer juntos. ("Para mis impuestos. Por favor, llámame para hablarme de la nueva normativa impositiva").

- ¿Puedo programarlo con antelación?

  Reserva una tarde de la próxima semana para limpiar las carpetas y reorganizar tu calendario. Reserva en tu agenda algún momento cada semana para llamar a tu abuela, de modo que los pensamientos recordatorios no te incordien. Pon cualquier papel asociado con las actividades que están programando en un archivo de "Cosas por hacer" que puedas guardar con tu calendario o agenda hasta ponerte al día.

- ¿Puedo ponerlo en la pila de cosas "por archivar"?

  Conforme clasifiques las cosas que tienes en esa caja y encuentres papeles e información que tienes que archivar para futuras consultas, ponlas en la pila de cosas "por archivar" que tienes a tu lado. Cuando hayas revisado todas las cosas de la lista y de la caja, tómate un respiro y después aborda directamente la pila de cosas "por archivar".

FAMILIARES Y AMIGOS: ACABA LOS ASUNTOS INCONCLUSOS

Las relaciones limpias y claras conllevan manifestaciones limpias y claras. ¿Qué altera tus emociones o inunda tu mente cada vez que piensas en una persona concreta de tu familia? ¿Qué pasa con tu nivel de estrés cuando ves aparecer el número de teléfono de ese amigo tan negativo en la pantalla de tu teléfono móvil? ¿Queda algo por decir o hacer entre tú y algún ser querido? ¿Tienes que excusarte por algo que hayas hecho? ¿Tienes pendiente decir algún "adiós"? ¿A quién tienes que perdonar?

Programa esa "tarde de compras" que continúas prometiendo a tu madre y concierta una cita con un terapeuta para hablarle del asunto familiar que no puedes resolver por ti mismo. Dile a tu amigo negativo que quieres que vuestras conversaciones sean más positivas y reafirmantes, para bien de ambos, y después niégate a participar en sus chismorreos y conversaciones amargas.

En general, acaba tantos asuntos inconclusos con tus familiares y amigos como puedas en las próximas semanas, y programa el resto en tu agenda o calendario para abordarlo las semanas o meses siguientes. (Las prácticas que aprenderás en los pasos siguientes te ayudarán a prepararte para esas conclusiones).

Expectativas y compromisos: elimina los "extras"

Es posible que tu visión sólo requiera unas pocas horas de tu tiempo semanal para manifestarse en tu vida. ¿Qué te impide destinarles ese tiempo actualmente?

¿Hay expectativas ajenas (justas o no) que necesitas reevaluar o abordar? ¿Tienes compromisos sociales que no están al servicio de tus valores o visiones? ¿Mantienes compromisos con grupos u organizaciones que te consumen horas pero no merecen mucho la pena?

Ahora es el momento de concluir los compromisos a corto plazo o basados en tareas que hayas contraído y de deshacerte de los compromisos a largo plazo que ya no te resultan útiles: delégalos a otras personas o renuncia completamente a ellos.

Acaba esas llamadas personales que prometiste hacer para tu organización de caridad, esas que sabes que sólo tú puedes hacer. Después, emplea esa enorme sensación de satisfacción que sientes al acabar como vara de medir para otros (futuros) compromisos.

Envía a tu asistente a la comida mensual de la Cámara de Comercio en tu nombre. Si funciona, conviértela en tu representante en la Cámara, y al mismo tiempo le estarás ayudando a progresar profesionalmente. Programa un encuentro con esa pupila que consume tanto de tu tiempo para explicarle que vas a limitar cuándo puede llamarte y los ratos que compartirás con ella.

Dimite grácilmente de la junta de la asociación de propietarios. Envía notas de agradecimiento lamentando no poder ir cuando personas que apenas conoces te inviten a fiestas que supuestamente son "buenas para los negocios", pero en realidad restan tiempo y energía de lo que es importante para ti. Informa a tus compañeras de la hermandad femenina que este año no planificarás la reunión, de modo que alguna otra miembro tendrá que ofrecerse voluntaria y asumir la responsabilidad.

Mira tu vida a la luz de tu visión

Considera cómo puedes gestionar más eficazmente tu energía física y mental durante el proceso de manifestación. ¿Qué se interpone? ¿Qué podría bloquear tu camino? Es posible que tengas que tomar algunas decisiones difíciles. Tal vez tengas que renunciar a algunas cosas *buenas* de tu vida para favorecer cosas importantes relacionadas con tu visión, pero merece la pena, ¿no te parece?

Los principios de este paso ya operaban en mi vida cuando empecé a aplicar el proceso de manifestación a la transformación de Matisse. Pero tenía que ir más allá. Estaba llena de la pasión y del fuego del propósito, pero sabía que no podría mantener indefinidamente la presión adicional sobre mi tiempo y energía. Tenía que renunciar a algún elemento de mi programa.

Así es como usé el quinto paso para dedicar más tiempo, pensamientos y energía a la manifestación de Matisse:

- Resolví rápidamente algunas tareas apremiantes que ya tenía programadas.
- Contraté a un asistente para que llevara a cabo tantas tareas administrativas y de apoyo, en casa y en el trabajo, como fuera posible.
- Reduje significativamente el tiempo que pasaba con amigos y que dedicaba a mis aficiones.
- Ajusté los plazos de varios proyectos paralelos para reflejar mi cambio de prioridades.

Paso Cinco | Despeja espacio en tu mente y en tu vida

Pero esto sólo fue el comienzo. Algunas personas, cosas y actividades en la vida de Matisse, y en nuestra vida familiar, no eran tan congruentes con nuestras visiones y valores como nos gustaría. Por eso decidí llevar el quinto paso al nivel siguiente y aplicarlo holísticamente. ¿Qué es lo que le servía verdaderamente a él y a nuestra familia? ¿Qué tenía que continuar en su vida? ¿En nuestra vida familiar? ¿Qué teníamos que eliminar?

Así es cómo Adrián y yo aplicamos el quinto paso a la manifestación de Matisse:

- Despedimos a su cuidador que resultaba cada vez más decepcionante (¡fue duro!) y contratamos a un persona muy cálida, que estaba encantada de animarle e involucrarse con él.
- Nos deshicimos de la mayoría de alimentos insanos que teníamos en casa.
- Dijimos adiós a amigos negativos que nos alteraban.
- Asumimos una posición conjunta contra el exceso de actividad y de planificación en general.

Mira tu vida a través de la lente de tu visión y manifestación, y libérate de cualquier cosa que ocupe el espacio que tu visión necesita.

¿Estás manifestando una nueva casa decorada en un estilo muy diferente de tu hogar actual? ¡Deja de comprar artículos de decoración para tu vieja casa! ¿Estás manifestando un compañero/a de vida? Corta definitivamente con ese medio novio intermitente que te impide salir con otros hombres de corazón y mente abiertos.

¿Estás manifestando el cambio de profesión soñado? Di "no" al seductor contrato de seis o siete cifras que podría mantenerte haciendo un trabajo que detestas durante años. ¿Estás manifestando una vuelta a la universidad para hacer un curso de postgrado? Dimite del comité de la escuela o de la iglesia, puesto que te sentirías abrumado si trataras de compaginarlo con tus estudios. (Tomará tu lugar algún parroquiano retirado o una madre sin responsabilidades laborales externas, que además se sentirá bendecido por ello).

En breve, genera espacio en tu vida para tu visión como si ya se estuviera manifestando, ¡porque ya lo está haciendo!

➤ Despeja un espacio en tu mente y tu E.F.R.E.

¿Qué 5-10 cosas de las que ocupan tus pensamientos, tiempo y energía puedes empezar a eliminar ahora mismo para poder dedicar más tiempo a tu proceso de manifestación?

_____

_____

_____

_____

¿Qué 5-10 responsabilidades puedes delegar en otra persona (sin comprometer tus valores o tu visión) para poder invertir más energía en tu plan de manifestación?

_____

¿En quién? _____

_____

¿En quién? _____

_____

¿En quién? _____

¿En quién? _____

_____

¿En quién? _____

¿Cuáles son las 5-10 cosas que ocupan el espacio que necesitará tu visión?

_____

_____

_____

_____

_____

_____

Actúa sobre cada uno de los elementos que acabas de identificar, ¡y empezarán a ocurrir cosas asombrosas! *Es posible que tu visión se manifieste en el momento en que dispongas de suficiente tiempo y espacio.*

www.CreandoMatisse.com

Establece sistemas de apoyo

Organízate, organiza tu entorno y tu vida para dar la bienvenida a tu visión y sustentarla cuando llegue. Pregúntate: "¿Qué sistemas de apoyo tengo que establecer para mi visión?" Comienza a prepararlos ahora mismo y, además de enviar grandes cantidades de energía co-creativa al proceso de manifestación, estarás listo para gestionar tu nueva realidad cuando surja.

Cuando abrí mi clínica y empecé a manifestar el éxito profesional en mi consulta quiropráctica, sólo teníamos un puñado de clientes. Sin embargo, mis empleados y yo aprendimos a usar sistemas administrativos que podían gestionar un enorme flujo de clientes, tratando con calidad y a largo plazo a cientos, incluso miles de ellos.

A la luz de nuestra breve lista de clientes, buena parte de lo que hicimos parecía voluminoso, lento y ridículo. Pero sabíamos que si instalábamos y aprendíamos anticipadamente sistemas para todos los clientes que planeábamos manifestar, los manifestaríamos *antes*. Y estaríamos preparados para servirles sin dilación cuando llegaran.

Te diré algo: Cuando llegaron, ¡estábamos preparados! Nosotros les ofrecimos instantáneamente un hogar cómodo, libre de confusión, tensión burocrática y dolores de cabeza.

Desarrolla tu capacidad de gestionar tu vida

Los temas que abordamos en el quinto paso podrían llenar libros, y ciertamente los llenan. Por tanto, encuéntralos y léelos, empezando por los que aparecen en la sección *Recursos Recomendados* de *Creando a Matisse*. Pero no te detengas ahí. Puedes descubrir mucho más sobre cómo sacar el máximo partido a este paso tan importante en www.CreandoMatisse.com, donde compartimos otras claves y estrategias para alcanzar el éxito en Paso Cinco.

Su invento más exitoso: ¡Sus sistemas!

La mayoría de la gente, incluyéndome, considera que el mayor inventor del mundo ha sido Thomas Edison. Ciertamente fue uno de los grandes Maestros Manifestadores que el mundo ha conocido. Además de la bombilla eléctrica, inventó los primeros sistemas eléctricos que nos aseguraron que hubiera corriente cuando presionamos el interruptor. Nos ofreció el fonógrafo y el kinetófono (precursores de los discos y de las imágenes en movimiento) y otros mil inventos que revolucionaron nuestra existencia. El mundo en el que vivimos es completamente diferente del que conoceríamos si Edison no hubiera nacido. Incluso podríamos decir que inventó el siglo XX.

¿Y por qué tuvo tanto éxito? Su éxito no se debe únicamente a que su genialidad no tuviera igual, también creó las condiciones y sistemas que favorecían su inventiva y la de otros. Era un gran organizador y experto en "eficiencia mental y energética", en conservar registros ordenados y sistemáticos (incluso en aspectos de su investigación que no consideraba necesarios), y pedía a sus empleados que hicieran lo mismo, que delegaran muchas tareas y experimentos a miembros del equipo para crear y mantener un flujo óptimo en el espacio laboral. De hecho, algunas personas consideran que el sistema para innovar de Edison es su invento más importante.

Resumen

Para aplicar el quinto paso, comienza por tomar decisiones rápidas sobre posibles tareas y actividades conforme vayan surgiendo. Estate preparado para eliminar, delegar y decir "no" grácilmente. Cuando quieras o necesites gestionar una tarea personalmente, hazla inmediatamente, o haz algo para asegurarte de encontrar un recordatorio en el momento propicio. ◆ Despeja tu vida (tus espacios vitales y laborales, la información y el papeleo, las relaciones con familiares y amigos, las expectativas y compromisos). Concluye los asuntos inconclusos y deshazte de las actividades que no fomentan tus valores y visiones. Libérate de lo que consuma tu tiempo y agote tu energía. ◆ Finalmente, aplica estos principios en tu vida a la luz de tu visión, eliminando las cosas que ocupen el espacio físico, energético y mental que necesita tu visión. Cuando lo hagas, posiblemente tu visión se manifestará antes de que te des cuenta.

Ahora, si has puesto en marcha, aunque sea de manera incipiente, el Paso Cinco, prepárate para profundizar… con el sexto paso: *¡Conecta con el Espíritu!*

creando a Matisse

Ha sido un día largo y duro, como mínimo. Ha habido unas pocas buenas noticias, pero las crisis han sido abundantes. Me duele la cabeza y siento mis hombros caídos mientras Matisse y yo salimos de un taxi y vamos al apartamento. ¡Por fin en casa! Pero aún hay muchas cosas que hacer antes de ir a la cama, y me siento agotada física y emocionalmente por las exigencias del día y el calor pegajoso del verano. ¡Necesito vacaciones!

Oyéndonos llegar, Tahlia sale corriendo de la cocina donde ha tomado una variopinta cena con papá mientras su hermano y yo estábamos en el terapeuta. Quiero levantarla en brazos, pero, cuando empiezo a inclinarme, siento explotar un dolor punzante detrás de mis ojos, y tengo que enderezarme inmediatamente.

"Ven con mamá a la cocina", digo, pero ella está en el suelo, llorando como si le hubieran partido el corazón. Sé que simplemente está muy cansada de un largo día de escuela y de una tarde ajetreada en el parque con Adrián, pero me siento abrumada por la culpabilidad. Esta semana he pasado mucho menos tiempo con ella del habitual.

Justo en ese momento, oigo un golpe en la habitación de Matisse, seguido por un agudo grito y un llanto inquietante. Me apresuro hacia su habitación, con Adrián justo detrás de mí; tengo el estómago paralizado por el miedo. Pero resulta que todo está bien. Simplemente se le ha caído encima la caja de sus juguetes al ir a cogerla, y la sorpresa y el estruendo han hecho que se ponga a llorar.

Ahora tengo a dos hijos llorones (y ambos necesitan un baño), un dolor de cabeza que me está matando, un marido con el que parece que nunca paso suficiente tiempo y muchas cosas que hacer antes de irme a dormir. Quiero una copa de vino y darme un baño. Y chocolate. Mucho chocolate.

Dos horas después los niños están acostados. Y milagro de milagros, 2 horas y 20 minutos después, ¡mi marido tiene una nueva esposa! No, no es esa bella rubia del portal de al lado que se ha venido a vivir, ¡soy yo! He meditado brevemente y me ha sentado como unas "vacaciones". Soy una mujer nueva.

La meditación es el motivo por el que he podido dar ese paso adelante con Matisse. Gracias a la meditación me di cuenta de que podría usar el proceso de manifestación, que tanto ha aportado a mi vida, para crear una realidad diferente para él. Cuando llegó el momento (cuando yo estaba preparada), la meditación me despertó y me inspiró a dar el salto de fe que exigía su manifestación.

Y ahora, cada día, la meditación me centra y me sustenta para poder llevar a cabo el resto de los pasos con serenidad. Es lo que hago para mí misma, para cuidar de Michelle. No soy una máquina. No dispongo de fe, inspiración y energía infinitas, pero sí que tengo acceso a una fuente inagotable. Y conecto con ella cuando me tomo tiempo para meditar.

Paso Seis
Conecta con tu espíritu

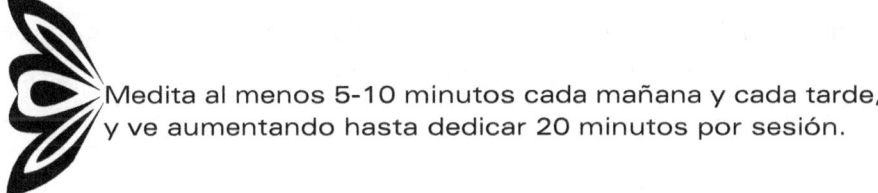
Medita al menos 5-10 minutos cada mañana y cada tarde, y ve aumentando hasta dedicar 20 minutos por sesión.

El gran arte es la expresión externa de la vida interna del artista.

— Edward Hopper
Pintor realista americano (1882–1967)

En lo profundo de tu alma dispones de un abastecimiento de energía ilimitado, de un estudio de arte espiritual, por así decirlo. Conectas con él cuando tienes destellos de intuición, y en esos momentos en que sabes que tienes que tomar cierta decisión, a pesar de que los indicadores señalan en otra dirección.

Esta parte suave y delicada de ti es puro amor y alegría. Es tu verdad, lo que el doctor B.J. Palmer, que desarrolló la quiropráctica, describió como tu "Inteligencia Innata". Esta parte de ti tiene sabiduría y entendimiento por compartir, y te los transmite constantemente. De hecho, te está hablando ahora mismo.

Entonces, ¿por qué es tan difícil oír su voz? El ajetreo de la vida moderna, las anticipaciones ansiosas del miedo y los gritos de las viejas heridas emocionales pueden acallarla fácilmente, sobre todo si no eres consciente de lo que está ocurriendo.

En el sexto paso, aquietas el clamor ensordecedor que viene de fuera para poder oír mejor esta voz interna serena y segura mediante una simple práctica diaria de meditación.

Los estudios científicos llevados a cabo muestran que los meditadores disfrutan de una mayor concentración, más claridad mental y recuerdos más claros. Aprenden más rápido y demuestran mejores habilidades analíticas, previsión y juicio. Son más conscientes, están más despiertos y son más perceptivos. Son más "brillantes", en el verdadero sentido de la palabra.

Asimismo, también experimentan mucho más pensamientos y emociones positivos (proporcionalmente) que las personas que no meditan. Son más felices, más serenos, más centrados y totales. Están conectados con su espíritu, son capaces de oír la voz de su sabiduría interna y responden desde un lugar de paz y de poder.

Como nosotros mismos creamos nuestra realidad a través de nuestros pensamientos y emociones, es evidente que este paso puede tener un impacto significativo en lo rápida y fácilmente que manifiestes tus visiones, probablemente en una fracción del tiempo que requerirían en otro caso.

Éste es el dato más positivo sobre la meditación: aunque hacen falta años para conseguir mejoras "extraordinarias" en el funcionamiento cerebral, los nuevos meditadores también cosechan beneficios significativos en sus primeras sesiones. Esto significa que puedes actuar inmediatamente con más claridad y sabiduría, y sentirte más feliz simplemente meditando unos minutos al día, cada día. Y, cuanto más medites, ¡tus resultados mejorarán exponencialmente!

La meditación te trae al aquí y ahora. Enfoca tu mente e incrementa tu capacidad de recuperación emocional. Cura tu cuerpo y te fortalece para permitirte acceder a los centros creativos de tu cerebro, que son inaccesibles para tu mente consciente.

Antes de empezar a meditar diariamente, había manifestado muchas visiones, pero me exigían mucho trabajo. Trabajo *duro*. En cuanto empecé a meditar, mis procesos de manifestación empezaron a desplegarse casi sin esfuerzo. Y a ti te ocurrirá lo mismo a medida que implementes el sexto paso. De modo que empecemos.

LOS ERUDITOS DICEN

Los meditadores perciben, piensan y experimentan el mundo de manera diferente

"El hecho de que las ondas gamma de los meditadores se salieran del cuadro era muy impresionante, puesto que sugería el poder que tiene el entrenamiento mental para producir un estado cerebral alterado, asociado con la percepción lúcida, la resolución de problemas y la conciencia. Pero aún eran más intrigantes las señales gamma de los cerebros de los monjes y personas de control cuando no estaban meditando. *Incluso cuando los meditadores no están meditando, sus cerebros son diferentes de los cerebros de los no-meditadores".*

— Sharon Begley
*Train Your Mind, Change Your Brain:
How a New Science Reveals Our Extraordinary Potential to Transform Ourselves*

Establece tu conexión con la meditación

Meditar es *concentrarte serenamente en cualquier objeto.* Dicho objeto puede ser el sonido de una voz, tu propia respiración, una llama, una manzana, una emoción, palabra o pensamiento. Puede ser *cualquier cosa.*

Cuando meditas, tienes la oportunidad de *darte cuenta* de cómo surgen tus pensamientos y emociones, y cómo tratan de apartar tu atención del objeto de tu concentración. Al darte cuenta de ellos, tienes la oportunidad de ver que ellos no son *tú.* Tal vez los *sientas* tuyos, o te *parezcan* una *parte* intrínseca de ti, pero ellos no son *tú.* Simplemente son experiencias que estás teniendo como resultado de tu condicionamiento anterior, y de tus esperanzas y miedos para el futuro. *Tú* eres mucho más que eso.

Los beneficios de la meditación se plasman inmediatamente en tu vida, y se van acumulando con el tiempo. Por tanto, meditar hoy es como tener un puñado de dinero disponible e invertirlo en una *cuenta-meditación* de la que podrás extraer mañana, la próxima semana o el año que viene. El balance crece con cada nuevo depósito, rindiéndote más y más interés cada vez que practicas.

Cuanto más practicas la meditación, tanto más permites que tu sabiduría íntima te guíe, y que te llene la alegría y la fe que están en el centro de todas las cosas. Cuanto más te permitas ser guiado y llenarte de este modo, tanto más llegas a ser *tú mismo,* tal como realmente eres. Trabajando desde una conexión clara y consciente con el espíritu, manifiestas hermosas visiones para ti mismo y para el mundo con creciente inspiración, serenidad y paz, independientemente de las circunstancias.

Paso Seis | Conecta con tu espíritu

Matisse no sería el niño sano y feliz que es ahora mismo si no fuera por la meditación. El pensamiento inspirado: "¡Manifestaré otra realidad para mi hijo!" estalló en mi mente al final de una sesión de meditación. Había conectado tan profundamente con mi espíritu que abrí un canal a través del cual la voz de mi verdad pudo venir a mí. Después de eso, mi práctica diaria de meditación me ha ayudado a llenarme de los pensamientos y emociones positivos que necesitaba para manifestar mi visión.

Vamos a viajar en el tiempo y echar una mirada a "tu persona" dentro de un mes o dos (o incluso antes), suponiendo que la meditación ya forma parte de tu vida cotidiana:

- Tu salud mejora.
- Tus niveles de estrés son más bajos.
- Tienes una sensación de bienestar.
- Tomas las decisiones más rápidamente.
- Te sientes más confiado y optimista.
- Disfrutas de mucha más flexibilidad mental.
- Te resulta más fácil enfocarte y concentrarte.
- Te aceptas mejor a ti mismo y a los demás.
- Tienes más capacidad de recuperación emocional y estás más animado.
- Te comportas menos impulsivamente y menos compulsivamente.
- Haces más en menos tiempo y gastas menos energía.

Prepárate para conseguir el éxito en la meditación

Mucha gente tiene expectativas poco razonables sobre lo que deberían experimentar si meditaran correctamente. Creen que tienen que sentir *algo* o, por el contrario, absolutamente *nada*. Creen que para tener éxito tienen que evitar completamente las distracciones o experimentar comprensiones asombrosas en cada sesión. (Con creencias así, ¿para qué molestarse en intentarlo? Yo misma me abstuve de intentarlo cuando creía este tipo de cosas).

En realidad, la meditación es una actividad *a prueba de fracasos.* Y muchas veces las sesiones que parecen *menos* exitosas son las que más éxito tienen. Una meditación en la que tengas que reorientar tu atención una y otra vez hacia el objeto de tu concentración puede ayudarte a conectar con tu espíritu de maneras que una experiencia meditativa fácil y cómoda no lo consigue. Una meditación que te parezca plana o improductiva puede dar más fruto en tu vida que otra que te gratifique inmediatamente. En la meditación, *¡para tener éxito basta con presentarse!*

A la hora de desarrollar una práctica que transforme tu vida, la rutina y la constancia son mucho más importantes que lo que experimentes puntualmente en una sesión dada. Estas cualidades también son mucho más importantes que cuánto tiempo dediques a practicar. Unos pocos minutos de meditación todos los días de la semana harán mucho más por ti que los maratones de muchas horas los sábados y domingos. (Y esto es cierto, aunque el método del "guerrero de fin de semana" te garantiza mucho más tiempo de práctica).

Las directrices siguientes te ayudarán a conseguir el éxito en la meditación, de modo que puedas salir de cada sesión tan centrado, sereno y *conectado* como sea posible.

- Medita cada mañana y cada noche.

    Meditar a primera hora de la mañana te conecta con tu espíritu para poder afrontar los retos y responsabilidades del día con sabiduría, serenidad y resistencia al desgaste. Te equipa para responder a todo lo que experimentes desde un lugar de poder.

    Meditar por la tarde o por la noche es muy relajante, e incluso más eficaz para curarte y recibir comprensiones. Cuando practicas cerca de la hora de dormir, la meditación pone riendas al poder de los sueños para que hagan un trabajo interno importante, un trabajo que te abre, a convertirte en un canal más claro para la energía de manifestación.

Cuando meditas cada mañana y cada noche, multiplicas la eficacia de cada una de tus sesiones.

- Medita durante al menos 5-10 minutos por sesión.

    El primer día empieza meditando 5 minutos, el segundo 6, y así sucesivamente hasta meditar 10 minutos por sesión. A lo largo de las próximas semanas y meses, añade minutos a *algunas* de tus sesiones hasta que puedas meditar cómodamente durante 20-30 minutos cada vez.

    También espero que incorpores "mini-meditaciones" de vez en cuando a lo largo del día. (Incluso 3 minutos de meditación entre clientes, o entre reuniones, pueden tener un profundo efecto en tu energía de manifestación). Pero mantén tu compromiso básico de dos meditaciones diarias de 10 minutos.

- Medita cada día, independientemente de las circunstancias.

    Recuerda siempre que es mejor meditar 5 minutos que planear 30 minutos de práctica y no cumplirlos. Siempre puedes meditar más, pero asegúrate de completar al menos una sesión básica de 5-10 minutos por la mañana y otra por la noche. No puedes estar demasiado ocupado para meditar, puesto que cada minuto que inviertas hará que los demás minutos del día sean mucho más productivos.

- Medita en un entorno sereno.

    Lleva a cabo tu práctica diaria en un lugar tranquilo y sereno. Deja claro a las personas que te rodean que el tiempo que dedicas a la meditación es sagrado, y que sólo deben interrumpirte en casos de auténtica emergencia. Es posible que quieras colgar en la puerta de la habitación un cartel que diga "no molestar" si existe la posibilidad de que te interrumpan. Una de mis clientes ha advertido a su marido y a sus hijos que si la interrumpen durante la meditación, "¡más les vale que haya sangre o fuego!".

    Tu cuerpo no está diseñado para permitirte descender a lo más profundo de tu conciencia cuando estás de guardia o en una situación potencialmente peligrosa que requiere tu atención. Si sabes que es probable que tus hijos entren en la habitación en cualquier momento, no intentes meditar. Toma unas cuantas respiraciones limpiadoras y espera un momento mejor. Si estás sola en un automóvil aparcado en una calle desierta de la ciudad, ¡ni siquiera pienses en meditar! Sólo conseguirás generar tensión y alterarte.

Cuando quieras aprovechar unos momentos libres y meditar en momentos sueltos del día, o en lugares públicos, asegúrate de estar en un entorno seguro. De otro modo, irás en contra de tus propios intereses, y eso no es bueno para ti ni para tu proceso de manifestación.

- Medita después de una cuidadosa preparación.

Si es posible, para meditar conviene ponerse ropa cómoda y suelta. Antes de la sesión matinal, pon un despertador que te avise cuando se haya cumplido el tiempo que planeas dedicar a la práctica (a menos que estés usando una meditación guiada, es decir, una grabación). Esto es necesario para liberar tu mente de tener que recordarte la hora y las presiones del día que tienes por delante.

Cuando tú y tu entorno estén en orden, siéntate erguido en una silla o en el suelo con las piernas cruzadas. Deja las manos descansando cómodamente una sobre otra, o sobre tus muslos o rodillas. A menos que te concentres en un objeto visual, apaga la luz y/o cierra los ojos para filtrar las distracciones visuales.

Finalmente, toma una respiración profunda y limpiadora a través de la nariz que llene tu diafragma, y contén el aire durante unos momentos; después suéltalo uniforme y cómodamente por la boca. Repite este ejercicio de respiración profunda tres o cuatro veces, relajando conscientemente los músculos de tu cuerpo con cada espiración. Seguidamente, empieza tu sesión de meditación.

∼ Compromiso de meditación básica

Rellena los huecos de las frases abajo y léelas en voz alta para señalarte a ti mismo y al Universo tu intención de empezar la práctica de meditación que trasformará tu vida.

Meditaré cada mañana a las _____ a.m. durante al menos 5 o 10 minutos en un ambiente tranquilo que me he preparado para mí mismo en

_____ .

Meditaré cada mañana a las _____ p.m. durante al menos 5 o 10 minutos en un ambiente tranquilo que me he preparado para mí mismo en

_____ .

www.CreandoMatisse.com ∼

Explora diversas prácticas

Todas las técnicas de meditación funcionan para todos, *siempre*. Al mismo tiempo, es genial aprender varias técnicas diferentes para así poder variar la dieta, al menos de vez en cuando.

Una manzana al día mantendrá al médico alejado de tu casa y proveerá a tu cuerpo de miles de micro nutrientes. Pero, ¿quién querría comer una manzana cada día de su vida? Ciruelas, plátanos y naranjas ofrecen la mayoría de los mismos nutrientes, junto con algunos otros que no pueden encontrarse en la manzana, además de un cambio agradable. Siempre que comes fruta fresca cruda sabes que estás dando a tu cuerpo una súper-nutrición.

Bien, lo mismo ocurre con la meditación. La mayor parte de lo que recibes de cada práctica específica es equivalente a lo que recibes de otras prácticas meditativas. Pero, ¿por qué consumir una dieta constante de una sola técnica y perderse esos pocos nutrientes únicos que ofrecen las demás y sus deliciosos sabores diferenciados?

Prueba cada una de las prácticas siguientes al menos 3-4 veces en las próximas semanas. Después sigue tu guía interna para elegir la que usarás en cada sesión.

Meditación guiada

La meditación guiada es una forma maravillosa de introducirte a las habilidades básicas que se requieren para practicar y disfrutar de tus primeras experiencias, ¡de modo que quieras volver a por más! Es la técnica ideal para empezar, pero nunca la dejarás atrás.

Si tienes un iPod o un reproductor MP3 y acceso a Internet, ve a www.CreandoMatisse.com y descárgate las meditaciones guiadas que he grabado y colgado allí para ti. Si no tienes un reproductor o acceso a Internet, visita tu librería local y compra uno de los muchos CD de meditaciones guiadas que encontrarás en la sección *Nueva Era* o *Espiritualidad*.

En las tiendas y en Internet abundan meditaciones cuidadosamente guiadas que pueden durar desde 5 minutos hasta una hora o más. Cuando tengas una colección, siempre podrás encontrar una que encaje con el rato que tienes disponible.

Meditación de la respiración

La meditación de la respiración es fácil de hacer en cualquier momento y lugar, no sólo en casa. Puedes practicar una de estas meditaciones en grupo o furtivamente, de incógnito, puesto que es muy parecida a una siesta y no emite ningún sonido.

Después de unas cuantas respiraciones limpiadoras, poco a poco deja que tu cuerpo respire normalmente, dentro y fuera, por la nariz. Concéntrate en el aire que fluye dentro y fuera de tu cuerpo. Siéntelo pasar por tu nariz y llenar tus pulmones.

Enfoca toda tu atención en la respiración, relajándola cada vez que tus músculos empiecen a tensarse. Cuando tu atención se distraiga, algo que sin duda ocurrirá, simplemente nota lo que está ocurriendo y vuelve a enfocarte en el aire que fluye dentro y fuera de tu cuerpo.

Es posible que al principio pases la mayoría, si no la totalidad, de tu tiempo reorientando la atención hacia la respiración. No te desanimes. Esto forma parte natural de la práctica, de la maravillosa experiencia de observar tus pensamientos y sentimientos con los ojos de tu verdadero yo, de tu espíritu.

Continúa hasta que oigas la alarma o despertador, o hasta que el taxista te diga: "¡Señora, ya hemos llegado!"

Meditación cantando

Cantar es una estupenda práctica para los principiantes, porque incorpora de manera muy natural una señal que te avisa cuando la atención se desvía. (¡No puedes vocalizar y permitir que tu mente se distraiga al mismo tiempo!). Y mucha gente lo encuentra extraordinariamente relajante y conmovedor.

Empieza por elegir cualquier palabra o frase que tenga significado y cierta atracción estética o espiritual; comienza a repetirla una y otra vez. Éste será tu *mantra*.

Puedes empezar con "Om", la sílaba arquetípica que representa la conexión con Dios o el Espíritu en todo el mundo. (Se pronuncia "o" seguido de un largo sonido "mmm". Probablemente la habrás oído antes, aunque sólo fuera en un chiste). También puedes usar una palabra como "amor" o "paz".

Cuando te sientas relajado, con tu cuerpo flexible pero erguido, empieza a repetir tu mantra. Pronúncialo una y otra vez, con un ritmo lento y cómodo. Enfoca tu atención en cómo resuena en tu cuerpo y en cómo suena en tus oídos. Conviértete en la palabra o frase que estás pronunciando hasta que oigas la alarma.

Recuerda: ¡Con un poco de práctica lo harás perfecto!

Las primeras veces que medites, tal vez sientas la tentación de caer en el desánimo porque están entrando en tu mente pensamientos y sentimientos no deseados que te distraen. Pero la distracción es una parte habitual y totalmente necesaria de la meditación, una parte que experimentan incluso los monjes y los santos que llevan años practicando regularmente.

Cuando los pensamientos fluyan por tu conciencia, percíbelos y déjalos ir, como harías con unas semillas de diente de león que flotaran en la brisa. Están allí, pero no tienes que tratar de apartarlos. Tampoco tienes que empujarlos fuera de ti con miedo o remordimiento por haberles hecho caso por un momento. Deja que choquen contigo, que rocen tu mejilla como hojas al viento y sigan su camino.

Acepta que estás aprendiendo, y que tu capacidad de estar libre de distracciones durante la meditación por periodos de tiempo cada vez más prolongados aumentará de manera natural. Pero siempre habrá meditaciones en las que estarás muy ocupado redirigiendo la atención.

¿Que te ves sometido a más exigencias? ¡Más meditación!

Cuando tengas una agenda apretada o surja una crisis en tu vida, da a la meditación aún más prioridad de la habitual. En esos días en que menos puedes permitírtelo, dedicar 20 minutos extra a meditar multiplicará tu productividad y tu paz durante el resto del tiempo.

Cuando estaba manifestando mi visión para Matisse, mi carga de trabajo, ya demasiado ambiciosa, creció exponencialmente. La intensidad de mis sentimientos con respecto a su situación también se disparó por algún tiempo (¡despertar de la negación no es fácil!). Aplicar las técnicas que hemos descrito en los pasos cuarto y quinto me ayudó a lidiar con muchas de las presiones y exigencias que recaían sobre mí. Pero las decisiones que tenía que tomar momento a momento con respecto a mi tiempo y energía se hicieron muy importantes.

En todos los frentes (energético, emocional, mental y espiritual) necesitaba más meditación de la que podía ofrecerme mi práctica diaria, y no sólo para mí misma, sino para poder concentrarme mejor y proteger lo que estaba haciendo por mi hijo. De modo que reservé algunas tardes para realizar pequeños retiros en los que pasaba horas inmersa en profundas experiencias de meditación guiada.

Lee, pregunta y aprende

Lo que he compartido contigo en Paso Seis sólo es un vislumbre de lo que la meditación puede hacer por ti y de cómo puedes incorporarla a tu vida. A lo largo de las próximas semanas y meses establece citas contigo mismo para leer más sobre los distintos tipos de meditación. Aprende de las experiencias, enseñanzas y comprensiones de otros. Cuanto más crezcas en tu práctica meditativa, más comprobarás que tu vida se transforma, y más rápidamente se manifestarán tus visiones.

Conviértete en un estudiante de meditación, y la ayuda que necesitas para dominar el arte de la manifestación llegará a tu vida suavemente, y siempre a tiempo.

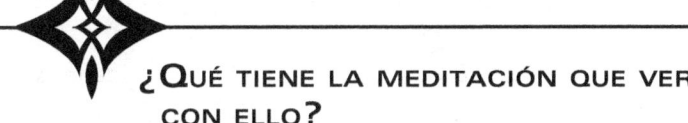

¿Qué tiene la meditación que ver con ello?

Tina Turner es una mega estrella, ganadora de múltiples discos de platino y de ocho premios Grammy, y la cantante de rock con más éxito de todos los tiempos. Ella es un símbolo de la fuerza y el poder femeninos, y una mujer con los pies en la tierra conocida por su generosidad y alegría. Además, es superviviente de un matrimonio en el que sufrió abusos durante dieciséis años a manos de su primer compañero musical, Ike Turner.

¿Qué le dio la fuerza necesaria para abandonarle? La meditación. Durante las últimas semanas y meses de su matrimonio, Turner empezó a meditar regularmente. Gracias a sus canciones acumuló la fuerza y la libertad emocional necesarias para escapar de su violento marido. Pero eso sólo fue el anuncio de lo que estaba por llegar. La meditación le dio la fuerza y la resistencia necesarias para continuar con su carrera como cantante de rock, desoyendo el consejo "de los entendidos", y para persistir tras años de tensiones económicas hasta resucitar profesionalmente en sus propios términos. Y, como puedes ver, ¡no le fue nada mal!

Resumen

Para completar el sexto paso, empieza a practicar la meditación. Date cuenta que la meditación es una práctica que te conecta con tu verdadero Yo y te prepara para rendir al más alto nivel como Maestro Manifestador. Empieza a meditar de 5 a 10 minutos al día cada mañana y cada tarde, añadiendo poco a poco más minutos hasta que puedas meditar durante 20-30 minutos por sesión. ◆ Recuerda que 5 minutos de meditación completados son mucho más valiosos que 30 minutos de meditación planeada. Medita más en días de mucha tensión, antes de actividades importantes relacionadas con tu manifestación y cuando necesites tomar decisiones importantes con respecto a tu visión.

Ahora, si has comenzado una práctica diaria de meditación, puedes seguir adelante y pasar Paso Siete, el paso en que los milagros empiezan a llamar a tu puerta.

creando a Matisse

Suena la alarma y acaba mi meditación. Me estiro y vuelvo a ponerla para que suene dentro de 10 minutos; voy a comenzar mi visualización diaria para Matisse. Desde que clarifiqué mi visión para mi hijo hace una semana, he estado visualizando media hora cada tarde, pero los niños y yo tenemos planes para encontramos con sus amigos en el parque a las 16:00 horas.

Apoyándome en el respaldo de mi silla, cierro los ojos y doy gracias al Universo por el buen tiempo y todas las bendiciones que disfruta mi familia. Después, imagino que todo lo que he puesto en mi declaración de la visión está ocurriendo ahora mismo: mis sueños para mi hijo se despliegan a todo color.

Uso nuestra excursión como inspiración creativa para el primer escenario. En el ojo de mi mente veo a Matisse corriendo y riendo con otros niños, recuperándose rápidamente cuando tropieza y cae al suelo, y cuando un chico mayor le provoca. Le veo columpiarse sin miedo en los columpios del parque infantil y buscar a un nuevo amigo para que le acompañe en el balancín.

Cuando la energía emocional que siento en el escenario del parque empieza a desvanecerse, dirijo mis pensamientos hacia nuestra casa y la cocina. Estoy preparando la cena mientras Matisse habla sin parar contándome todo lo que ha aprendido ese día en la escuela. Su hermana Tahlia entra corriendo en la cocina y él se dirige a ella y le da un gran abrazo de bienvenida.

Posteriormente, cuando le acuesto en la cama por la noche, le oigo susurrar con su voz somnolienta: "Yo también te quiero, mamá". Un momento después un beso torpe y húmedo aterriza en mi mejilla; su sonido me deja satisfecha.

Lo siento tan real, tan real. Estoy perdida en la experiencia, viviéndola con tanta claridad como vivo una realidad muy diferente la mayor parte del tiempo. Suena la alarma. Abro los ojos y parpadeo bajo la luz del sol.

Cuando vayamos al parque dentro de unos minutos, Matisse me pedirá un helado de cucurucho sin tartamudear. Esta misma noche será capaz de decir varias palabras seguidas cuando su padre le hable. Una vez más, su tartamudeo apenas se notará. Adrián me mirará sorprendido, con lágrimas en los ojos.

Cuando esté tumbada en la cama esta noche, las palabras "¡Gracias! ¡Gracias! ¡Gracias!" resonarán en mi mente y en mi corazón hasta que me quede dormida con una sonrisa en el rostro.

A lo largo de las próximas tres semanas, el tartamudeo de Matisse desaparecerá. Muchos de sus problemas persistirán durante bastante tiempo, pero el milagro que ahora está ocurriendo ante nuestros ojos (y oídos) me ayuda a superar los tiempos duros que se avecinan.

No estamos solos en esto.

Paso Siete
Conecta conscientemente con la Inteligencia Universal

 Alinéate mediante la gratitud y la visualización con el orden que hace funcionar y que supervisa toda la realidad.

*Un día
se tendrá que admitir oficialmente que lo que llamamos nuestra realidad
es una ilusión aún mayor que el mundo de los sueños.*

— Salvador Dalí
Pintor surrealista español (1904–1989)

Éste es el paso en que los milagros *realmente* empiezan a ocurrir. Aquí surgen las coincidencias significativas, también conocidas como "sincronicidades", para acelerar el proceso de manifestación de maneras intensas (¡y emocionantes!). Probablemente es el paso más importante de todo el proceso. Sin embargo, comprobarás que se comenta en muy pocos libros sobre el proceso de manifestación.

Una autora inspirada se sienta en el tren y descubre que la persona que se sienta a su lado es un editor. En el curso de la amistosa conversación que mantienen, ella se entera de que la editorial ha estado buscando activamente un libro como el que está escribiendo ahora mismo. Una semana después, tiene un contrato y un avance. Un *año* después, nuestra autora tiene un éxito de ventas. Una *década* después, es uno de los autores más reconocidos en el campo de la ficción, escribe *lo que* ella quiere, *cuando* quiere... desde su cómoda y redecorada casa en Irlanda.

Un joven entrenador personal visualiza que es dueño de un gimnasio al que denomina "Para el Resto de Nosotros", un lugar donde se anima a optimizar su salud a las personas normalmente ajenas a estas actividades. A pesar de sus esfuerzos, no puede conseguir el capital para ponerse en marcha. Limpiando una caja de recuerdos de su infancia, encuentra algunos títulos "sin valor" que una tía le compró cuando tenía cinco años. Y ocurre que el valor de los títulos ha aumentando considerablemente: ¡Valen ochenta mil euros! En menos de dos meses abre las puertas, recibe a sus primeros clientes y empieza a recorrer con ellos el camino de la puesta en forma.

Una madre soltera que trabaja simultáneamente en tres empleos a tiempo parcial (ninguno de los cuales le ofrece un seguro de salud) sueña con encontrar un trabajo con dedicación completa en su campo, un trabajo que le ofrezca grandes ventajas y un horario que le permita estar en casa cuando su hijo sale de la escuela. Un día, esperando el autobús, se agacha para recoger un trozo de papel de periódico y lee un anuncio en el que piden a alguien con sus talentos y capacidades. Como el periódico se publica en una ciudad que está a muchos cientos de kilómetros, éste es un anuncio que nunca habría leído si los acontecimientos hubieran seguido su curso habitual. La emoción de la coincidencia le motiva a tomar unas horas preciosas de su agotador horario para presentar su solicitud. En unos pocos días el trabajo es suyo.

La mayoría de nosotros hemos experimentado al menos uno de estos maravillosos momentos en nuestra vida. Muchos Maestros Manifestadores han experimentado *docenas* de ellos, e incluso *cientos*. Y algunas de sus historias hacen que los eventos descritos anteriormente parezcan casi habituales. Por tanto, sabemos que ocurren, y que ocurren de maneras magníficas.

La cuestión es: ¿Cómo puedes hacer que surjan cada vez *más* en tu vida para ayudarte a manifestar tus visiones y permitir que tu existencia fluya más suavemente? ¿Cómo puedes convertirte en un Maestro Manifestador que pueda contar una intervención milagrosa tras otra? ¿Cómo puedes llegar a convertirte en un atractor de sincronicidades? *Para ello, tienes que desarrollar una relación con la fuente de todas las sincronicidades.*

Incluso si eres ateo, o simplemente una persona sin orientación religiosa o espiritual, puedes ver que hay orden en el universo: un conjunto de leyes y principios que hacen funcionar todas las cosas en perfecta sincronicidad. El dibujo espiral de una concha marina que tu niño recoge durante un paseo por la playa responde a un patrón matemático idéntico al de nuestra galaxia. Cuando plantas una semilla que se convertirá en un árbol, no tienes que preocuparte de colocarla cuidadosamente para que el tronco y las hojas se eleven hacia el cielo, mientras sus raíces se hunden en el suelo en busca de agua. Todas las semillas saben que las raíces siempre crecen hacia abajo y los tallos siempre crecen hacia arriba. Y el cuerpo humano, si tiene una pequeña oportunidad, siempre tiende *hacia* la salud y a *alejarse* de la enfermedad.

Todo esto, y mucho más, indica la existencia de una sabiduría intrínseca, de un orden que está más allá de la comprensión racional, operando dentro y a través de todas las cosas. Algunas personas se refieren a esta sabiduría llamándole "Dios" o "Espíritu". Otros, incluyendo un director ejecutivo súper-exitoso que es mentor de uno de mis clientes, le llama la "Ley Natural". El doctor D.D. Palmer, que fundó la profesión quiropráctica en 1895, lo llamó "Inteligencia Universal", el mismo nombre que yo le daré aquí. Cualquiera que sea el nombre que le des, no cabe duda de que esta sabiduría intrínseca dirige la sinfonía de la existencia, orquestando al mismo tiempo los movimientos individuales de nuestras vidas.

Conectando conscientemente con esta inteligencia universal puedes co-crear la realidad que quieres para ti mismo y para el mundo mucho más rápidamente. Pero, ¿qué ha de hacer uno para *contactar* con algo tan vasto y maravilloso, y cómo se llega a *conectar* con ello? Las experiencias de los Maestros Manifestadores nos prueban que al menos dos de los modos más poderosos de conectar son asombrosamente simples: *gratitud* y *visualización*.

En el séptimo paso empezarás a incorporar ambos en tu vida diaria, creando prácticas de gratitud regulares, visualizando activamente tu manifestación y experimentando en tu imaginación el mundo tal como será cuando llegue tu visión.

Los científicos dicen

Los milagros ocurren

"Cuando las coincidencias se acumulan de este modo, no podemos evitar sentirnos impresionados, porque cuanto mayor es el número de este tipo de sucesos, o más atípico es su carácter, tanto más improbables se vuelven. [Las sincronicidades] prueban que un contenido percibido por un observador puede, simultáneamente, ser representado por un evento externo sin que medie conexión causal alguna. A partir de esto se deduce que, o bien la psique no puede estar localizada en el espacio, o bien el espacio es relativo a la psique."

— Carl Jung, Psychoanalyst
The Portable Jung

Conecta con la gratitud

Cuando tu estado de conciencia refleja la abundancia del Universo, extraes todo lo que quieres manifestar del reino de las posibilidades y lo llevas a la realidad de una manera casi magnética. Piensas fácilmente los pensamientos positivos, y sientes las emociones positivas que necesitas para producir tu visión. Cada momento que pasas en conciencia de abundancia, tu energía de manifestación está en su máximo. Además, cada uno de esos momentos te vacuna contra los pensamientos y sentimientos negativos que podrían tratar de surgir posteriormente y *bloquear* tu manifestación.

La *gratitud* te sitúa en un poderoso y persistente estado de conciencia de abundancia. Si quieres manifestar resultados preciosos en tu vida, siéntete agradecido por las cosas hermosas que ya estás viendo a tu alrededor. Si quieres manifestar hermosos resultados para otras personas o para el mundo, siéntete agradecido por la abundancia que ya poseen, por las riquezas de nuestro planeta.

Hasta tu trabajo estresante te da la oportunidad de conocer personas nuevas e interesantes y de desarrollar de manera importante tus habilidades y tu madurez espiritual. Hasta un alcohólico puede sentir el sol en su rostro y tocar una hoja; hasta las personas que no tienen para comer pueden sentir alegría al ver sonreír a un niño. Todos experimentamos abundancia cada día.

Es *imposible* sentir gratitud y al mismo tiempo sentir las emociones que impiden manifestar, como conciencia de pobreza, miedo o desesperanza. Es imposible que la duda y el agobio alteren tus sueños cuando sientes y expresas gratitud por la abundancia de tu vida y del mundo.

¿Tienes satisfechas las necesidades básicas? ¿Tienes suficiente para comer? ¿Dispones de ropa adecuada y de un techo seguro? (Si es así, eres rico en comparación con la mayoría de la población de nuestro mundo). ¿Hay en tu vida personas que te aman? ¿Amigos íntimos y familiares que te dan apoyo? ¿Están tus hijos sanos y seguros? ¿Puedes caminar, hablar, cantar y usar tu energía para hacer cosas que te gustan y que sirven a los demás? ¿Tienes un trabajo que te satisface? Ya estás viviendo en la abundancia del universo. Toma conciencia de esa abundancia por medio de la gratitud, y verás ocurrir milagros.

¡Empecemos!

Crea una lista personal de cosas por las que sentir gratitud

Estos son ejemplos míos de frases de gratitud para mis visiones:

- Gracias, Dios, porque dispongo de comida buena, sana y abundante.
- Gracias, Universo, por el uso de todas mis extremidades.
- Gracias, Dios, por hacer de mí una persona creativa y capaz de solucionar los problemas.
- Gracias, Universo, porque mis niños tienen un lugar seguro donde dormir cada noche.
- Gracias, Dios, por nuestra niñera Nadia y por todo el amor que brinda a nuestros hijos.
- Gracias, Universo, por la hierba verde y los árboles que veo desde mi ventana.
- Gracias, Dios, por todo lo que he aprendido de mis padres y de mis abuelos.
- Gracias, Dios, por darme un amigo tan bueno en mi marido.
- Gracias, Universo, por mi hogar cómodo y pacífico.

~~Lista personal de gratitud

Toma ahora mismo un bolígrafo y una hoja de papel y siéntate a escribir entre 20 y 30 bendiciones que ya se han manifestado en tu vida. A medida que las anotes, da las gracias a tu Fuente o al Universo. Guarda esta lista a mano en tu vida diaria porque la revisarás regularmente.

_____

_____

_____

_____

_____

¿Porque otras cosas debo agradecer?

www.CreandoMatisse.com~~

Lee diariamente tu lista personal de gratitud

Incorpora la lectura de esa lista personal de gratitud a tu rutina diaria, y asegúrate de hacerlo al menos una vez al día. Hay algo casi mágico en el hecho de tomar la decisión consciente de sentir gratitud cada 24 horas, aunque siempre puedes hacerlo con más frecuencia.

Guardo mi lista en la mesilla y la leo cada noche antes de dormir. Después me quedó dormida con una sonrisa en el rostro, llena de conciencia de abundancia. A otras personas les gusta empezar el día con su lista, pegándola al espejo del baño y leyéndola mientras se lavan los dientes, o incluyéndola en el tiempo que dedican habitualmente a la reflexión o a la oración.

Revisa regularmente tu lista de gratitud

A medida que tomes conciencia de las nuevas bendiciones que se manifiestan en tu vida y en el mundo, añádelas a tu lista. Podrías escribir un recordatorio como: "¿Por qué más me siento agradecido?", en la base de la página. Cuando hayas acabado de leer tu lista para ese día, te sentirás impulsado de manera natural a repasar ese día (o el anterior) para añadir nuevos elementos. Esto mantendrá tu lista fresca, "viva" y creciendo, como la conciencia de abundancia que quieres experimentar tan frecuentemente como puedas.

El simple hecho de dedicar tiempo a la gratitud acelerará tu proceso de manifestación de un modo que es imposible imaginar hasta que no lo veas por ti mismo. (Tal vez descubras que tu visión se manifiesta casi inmediatamente después de comenzar esta humilde práctica).

Desarrolla una lista de gratitud *específica para cada visión*

Escribe todas las cosas por las que pienses que estarías agradecido cuando se manifieste tu visión.

Éstos son algunos ejemplos de lo que quiero decir:

Visión: Manifestar alimentos abundantes y accesibles para toda la población del planeta.

Gratitud: Gracias, Dios, porque hay abundante comida nutritiva para toda la población mundial.

Gracias, Universo, porque estamos encontrando formas de repartir el alimento a quienes lo necesitan.

Gracias, Jesús, por el potencial para distribuir alimentos que nos ofrecen las redes de Internet.

Visión: Manifestar un compañero de vida que comparta tu fe.

Gratitud: Gracias, Ha Shem, porque hay tantos hombres judíos entre los que elegir en esta ciudad.

Gracias, Señor, por todo lo que he aprendido sobre las relaciones.

Gracias, Alá, por el ejemplo que me dieron mis padres con su amor y compromiso perdurable.

Cómo sacar el máximo partido a tu lista de gratitud específica para una visión:

- Cada vez que se manifiesten nuevos elementos de abundancia relacionados con tu visión, añádelos a la lista.
- Guarda la lista junto con la declaración de tu visión para poder leerla al menos una vez por semana.
- Léela cuando necesites más fe en tu proceso de manifestación.

~~~ Lista de gratitud específica de la visión

Piensa en *cómo* la abundancia relacionada con tu visión ya está presente en tu realidad. Incluso si estás manifestando una visión que requiera un cambio drástico de realidad en tu vida o en el mundo, siempre puedes encontrar al menos tres elementos para la lista. Después podrás ir añadiendo otros nuevos conforme lleguen ayudas milagrosas o alcances puntos destacados en tu proceso de manifestación.

_____

_____

www.CreandoMatisse.com

Ahora, hablemos de cómo emplear a la compañera de la gratitud, la *visualización*, para hacer que tu visión sea tan real dentro de ti que se vuelva real en el mundo.

Conecta con la visualización

Empleando la visualización, llena tu mente y tu corazón de los pensamientos y emociones que necesitas para manifestar tu visión, experimentándola con todos sus vibrantes colores y detalles. Cada pensamiento positivo e inspirador que dedicas a tu visión la acerca un paso más a ti. Cada emoción positiva y conmovedora que sientas con respecto a tu visión la acerca dos pasos más a ti. (De hecho, ya hiciste una práctica muy similar en Paso Dos).

Estas tres poderosas herramientas te ayudarán a conectar conscientemente con la Inteligencia Universal por medio de la visualización:

♦   Cinco dedos/cinco sentidos.

♦   Introduce la magia en la manifestación.

♦   Ve y sé (El "tú" congruente).

Cinco dedos/cinco sentidos

Usa los dedos de una mano como recursos nemotécnicos para asegurarte que experimentas tu visión con los cinco sentidos en cada sesión de visualización. Asigna un sentido a cada dedo: vista, oído, olfato, gusto y tacto. A continuación, cuando experimentes tu visión a través de un sentido particular, toca o mueve el dedo correspondiente para enviar a tu cerebro el mensaje de que ese ámbito sensorial está "cubierto".

- Vista. Visualízate montando en el avión para tu viaje a América, depositando un cheque por medio millón de euros, observando el agua fresca y clara del arroyo de montaña que discurre a tu lado, limpia y libre de contaminación gracias a tus esfuerzos.

- Oído. Oye los variados e intensos sonidos del CD que estás produciendo, escucha a la gente decir cómo les conmueve tu cuadro, oye a tu madre presumir de tu último éxito profesional con sus amigas.

- Olfato. Inspira el aire fresco, limpio y libre de contaminación de tu ciudad, absorbe el perfume de las flores en tu nuevo jardín, o huele el aroma de la colonia que estás comercializando, que forma parte de tu nueva línea de cosméticos ecológicos.

- Gusto. Muerde un trocito de tu pastel de bodas, sorbe un vaso de vino en la terraza de tu nuevo apartamento en la costa, o exprime un poco de zumo de limón en el agua antes de empezar tu tabla de ejercicios.

- Tacto. Abraza al niño que acaba de recibir un violín porque ahora dispones de recursos financieros para dar todo lo que quieres a la caridad, coge en brazos a tu bebé recién nacido, o pasa los dedos por el vestido de diseño que llevas puesto durante la noche del estreno de tu nueva obra.

Cuando yo empecé a manifestar riqueza, me imaginé abriendo los extractos bancarios y viendo que tenía el doble del dinero esperado. Fantaseé con recibir cheques sorpresa y con descubrir que mi propiedad inmobiliaria había multiplicado su valor. También me imaginé como un imán humano atrayendo dinero, de pie en medio de una preciosa pradera, mientras los billetes caían del cielo y volaban hasta mí. Actualmente vivo una realidad en la que atraigo riqueza. El dinero fluye abundantemente hacia mi casi diariamente desde lugares inesperados.

Introduce la magia en la manifestación

Deja atrás el reino de lo real y dedícate a la magia por un rato. Visualízate a ti mismo, a tu Fuente, o a alguna otra entidad o forma de energía emprendiendo acciones imposibles para plasmar tu visión:

- Imagina ángeles extendiendo sus alas para guardar los bosques tropicales que quieres proteger.
- Imagínate susurrando: "¡Es ella! ¡Es ella!" en el oído de un director de "casting" que está eligiendo una actriz para el papel que quieres representar.
- Viaja hasta los pulmones de tu hija asmática con Jesucristo u otra poderosa figura sanadora y alienta energía curativa en sus tubos bronquiales.

Durante mis visualizaciones para Matisse, imaginé que me reducía hasta ser una versión en miniatura de mí misma y que entraba en el cerebro de Matisse a través de su oreja. Allí, reparaba las áreas dañadas, iluminaba los rincones oscuros y enviaba señales eléctricas que chispeaban a través de las conexiones neuronales. Cuando salía de su cuerpo (¡imaginativamente!) después de cada sesión, veía las luces y la actividad eléctrica fortaleciéndose y creando nuevas sinapsis.

Una participante en uno de mis seminarios había sufrido cistitis crónica durante quince años. Tenía una infección del tracto urinario aproximadamente cada dos semanas, y con más frecuencia si tenía intimidad con su marido. Cada tres meses aproximadamente su vida se veía sacudida por una dolorosa infección de vejiga. Por supuesto, su matrimonio se resentía, y también su carrera profesional. Había visitado muchos especialistas, pero ninguno le había ofrecido una solución duradera.

Después del seminario, empezó a visualizarse abriendo suavemente su zona abdominal y observando que la oscuridad salía de ella, mientras la luz curativa fluía hacia dentro para ocupar ese espacio. Ella imaginó que células sanas reemplazaban a las enfermas hasta que todas las partes de su cuerpo eran rosas y perfectas en todos los sentidos. Ahora está completamente libre del problema que le acosó durante gran parte de su vida adulta, ya no sufre cistitis.

Ve y sé (El "tú" congruente)

Visualízate poseyendo cualidades y emprendiendo acciones congruentes con tu manifestación y/o con tu visión. Imagínate haciendo los cambios conductuales que necesitas para ser el "tú" que mejor puede manifestar y disfrutar tu visión. Experimenta que estás *preparado* para las oportunidades y responsabilidades que te esperan en tu nueva realidad.

Hace algún tiempo, me di cuenta de que para ser congruente con una de mis misiones, tenía que dejar de esforzarme y de luchar por conseguir cosas. Tenía que aceptarme y aprobarme completamente, sin tener en cuenta lo que estuviera consiguiendo o dejando de conseguir en mi vida. Y tenía que dar la bienvenida al amor y a la aprobación que mi familia y amigos querían compartir conmigo por el simple hecho de ser Michelle.

Por tanto, decidí visualizarme como mi querido antiguo gato Pavlov. Pavlov sabía que merecía afecto por el simple hecho de ser quien era. Él esperaba la adoración, y la recibía con deleite y con un aire de: "¡Así es como tienen que ser las cosas! Yo existo para ser adorado, y estoy siendo adorado". Pavlov era complemente libre de cualquier necesidad o deseo de ganarse el amor y la aprobación. Él entendía que si estabas cerca, querrías naturalmente derramar tus afectos sobre él.

Pretender tener todo el derecho al afecto, como mi antiguo gato, me ayudó a re-entrenar mi cerebro para aceptar que merezco ser amada simplemente por ser quien soy, una actitud congruente con la visión que estaba manifestando.

Dedica a la visualización entre 5 y 30 minutos al día

Estableciendo una rutina contigo mismo para realizar una visualización diaria en nombre de tu visión te aseguras de pensar consistentemente los pensamientos y experimentar los sentimientos que llevarán energía de manifestación a tu visión.

Si eres como la mayoría de la gente, una vez que introduces esta práctica en tu agenda cotidiana puedes visualizar cómodamente al menos 5 minutos al día. Después, a medida que adquieras más habilidad, podrás ir ampliando poco a poco tus sesiones hasta visualizar durante media hora, o incluso más.

Por supuesto, es posible que no quieras, o necesites, visualizar durante media hora cada día, pero te sorprenderá comprobar que el tiempo vuela. Y cuando empieces a notar los milagros que ocurren en el proceso de manifestación, es posible que quieras dedicar aún más tiempo a esta poderosa técnica.

Visualiza en un estado relajado de conciencia de adundancia

Cuando sea posible, practica la visualización al final de tu sesión de meditación. Si necesitas visualizar en algún otro momento, encuentra un lugar cómodo y privado donde sentarte o tumbarte.

Cuando te sientas cómodo, toma unas cuantas respiraciones profundas y limpiadoras, y relaja conscientemente tu cuerpo desde las puntas de los dedos de los pies hasta lo alto de la cabeza. Piensa en las cosas hermosas que están manifestándose actualmente en tu vida y en el mundo, especialmente las relacionadas con tu visión, y siente gratitud por ellas. Ya estás preparado para empezar tu sesión.

Nota: algunas personas descubren que la música adecuada les ayuda visualizar más vívidamente. Si piensas que puede ser una de ellas, pon una música evocadora en tus primeras sesiones para ver si te ayuda o si te obstaculiza. Una hermosa balada celta puede vivificar tu visión de viajar a Irlanda con tu familia. Una canción exuberante y romántica puede ayudarte a conectar con sentimientos deliciosos y anhelantes con respecto a esa persona que es la justa para ti.

Visualiza con fe y ríndete al poder superior

Mientras visualizas, o cuando hayas acabado tu sesión, pronuncia estas palabras u otras similares (aprenderás por qué esto es importante en Paso Nueve): "Todo esto, y mucho más, se está manifestando ahora mismo para mi bien supremo y para el bien supremo de todos los seres sensibles, de la vida y de los espíritus que están por todas partes".

Estudia el proceso de visualización

En estas páginas sólo he comenzado a introducirte al potencial y al poder de la visualización. Te he dado un punto de partida, una aproximación básica que puedes usar inmediatamente para acelerar la manifestación de tus visiones. Pero la visualización te ofrece muchas oportunidades de *acelerar* este proceso todavía más a medida que desarrolles tus habilidades, aprendas lo que otros autores tienen que compartir contigo, y practiques sin parar. (Consultar con www.CreandoMatisse.com o la sección *Recursos Recomendados* para encontrar libros y grabaciones que te pueden ayudar a ponerte en marcha).

Estudio de caso: ¡Él vio aquello en lo que creía!

A lo largo de la segunda mitad del siglo XIX, George Müller, un ministro de Bristol que dirigía un gran orfanato, usó la visualización centrada en la gratitud para alimentar a los niños que tenía su cargo.

Durante unos períodos de depresión económica abrumadora, hubo varias ocasiones en las que el orfanato no tenía alimentos ni dinero para pagar la siguiente comida de los niños. En esos momentos, Müller rezaba pidiendo pan, leche y buenos alimentos para los niños (o los fondos para comprarlos) y los "veía" presentándose en la puerta del orfanato. Él daba gracias a Dios por las provisiones recibidas, y cuándo éstas llegaban, las agradecía alabando al Señor.

Los huérfanos que estaban a su cargo nunca pasaron hambre. Pero eso no es todo. Todos recibieron mucho amor de unos cuidadores excepcionales, una serie de oportunidades educativas sin precedentes (para los huérfanos de aquel tiempo), e incluso recursos iniciales para poder dar los primeros pasos de su vida adulta con seguridad. Y el sereno ministro fue capaz de financiar todo esto sin jamás solicitar donaciones.

El reverendo Müller era un ser humano excepcional, pero no un superhombre. Era un Maestro Manifestador que había afinado tanto su capacidad de visualizar y dar gracias que era capaz de convertirse en un canal para que el Universo satisficiera las necesidades de los niños a su cargo incluso en los momentos de máxima desesperación.

Resumen

Para aplicar el séptimo paso, conecta con la conciencia de abundancia por medio de la gratitud. Elabora tu lista personal dando gracias por todas las cosas hermosas que se han manifestado en tu realidad y léela regularmente. A continuación, crea una lista de gratitud específica para tu visión, y guárdala junto con el escrito de la visión para leerla (y añadir a ella) a la misma hora cada semana. ◆ En cada sesión de visualización experimenta que tu visión se está manifestando y ya está manifestada. Considera que ya estás viviendo en la realidad que quieres manifestar. Finalmente, permite que tu imaginación emprenda acciones directas para realizar tu visión. Acaba este proceso con fe y rindiéndote al poder superior. ◆ Usa los libros y las grabaciones que aparecen en la sección *Recursos Recomendados* de este libro para potenciar tu relación con tu Fuente.

Ahora pasamos al octavo paso, en el que hablaremos sobre la retirada de los bloqueos emocionales que podrían obstaculizar tu manifestación.

creando a Matisse

Todos los niños están cantando, algunos en voz alta y con gran vigor, otros más tímidamente, con los ojos fijos en su profesora. Todos mueven sus manos y brazos teatralmente, haciendo unos simples movimientos que acompañan a la canción. Todos se lo están pasando estupendamente, sonrojándose y sonriendo con placer. Es decir, todos excepto Matisse, que está mirando al espacio con los ojos en blanco. Un niño perdido y fuera de lugar.

Se mueve nerviosamente, pero no del mismo modo que los otros niños que han salido a realizar la representación navideña. Es como si un niño hubiera entrado accidentalmente en el escenario. En cualquier momento, una mamá ruborizada debería salir de la multitud para recogerlo y pronunciar una excusa avergonzada.

La profesora trata de controlar la conducta de Matisse mientras dirige la actuación del resto de los alumnos. La música sigue sonando y su trabajo se vuelve cada vez más difícil. Está claro: él está fuera de lugar. Pero, ¿qué puedo hacer yo?

En mi asiento, trato de permanecer tranquila, pero me resulta imposible. Toda mi fe y mi confianza en Dios, en el universo, y en mi proceso de manifestación parecen desvanecerse en unos pocos minutos. Me siento impotente y desesperanzada.

"Nunca se va a poner mejor. ¿Qué he hecho para merecer esto? ¡No estoy haciendo lo suficiente! ¿Qué le ocurrirá cuando se haga mayor?", y otros pensamientos de condena y preguntas temerosas inundan mi mente. La culpabilidad, las ganas de culpar y la ira atraviesan mi corazón. Las lágrimas amenazan con presentarse, pero me niego a dejarlas salir en este lugar.

Cuando acaba la actuación, los demás padres aplauden orgullosos y saludan emocionados a sus hijos. Incapaz de contener mi zozobra por más tiempo, me excuso y salgo corriendo al baño. Allí, me tomo un descanso rápido para llorar en soledad detrás de la puerta.

Como no quiero que se note que he desaparecido, me recompongo y reparo mi maquillaje tan rápidamente como puedo para disfrazar la evidencia. Seguidamente, vuelvo al auditorio para unirme a mi familia y dar un abrazo a mi hijo.

Necesito más capacidad de recuperación emocional para lidiar con momentos como éste, cuando los problemas de Matisse parecen mayores que mi fe o mi fuerza. Tengo que abordar la culpabilidad y la inadecuación que siento con respecto a su situación. Tengo que hablar con alguien del peaje que pago por el rechazo constante de Matisse. A veces me duele más de lo que me permito reconocer.

PASO OCHO
Retirar los bloqueos emocionales

Despeja una ruta emocional para tu manifestación actual y todas las que vendrán mediante el uso de afirmaciones, el reencuadre y terapias probadamente eficaces, comprendiendo que éste es el trabajo de toda una vida.

¡¿Pies?!
Para qué los quiero si tengo alas para volar.

— Frida Kahlo
Pintora mexicana (1907–1954)

Pintamos aquello que creemos, aquello que tenemos en nuestros pensamientos, en nuestras vidas y en el mundo. Un pintor que use una paleta cubierta de pigmentos "azul tristeza" y grises sólo pueden crear cuadros azules y grises. Asimismo, cuando creencias esencialmente negativas dominan las paletas de nuestra manifestación, es natural que pintemos y traigamos a la existencia realidades negativas en lugar de las visiones que anhelamos manifestar.

Las creencias nucleares son esencialmente adicciones emocionales y mentales. Son hábitos de pensamiento y sentimiento fuertemente arraigados, y como otro tipo de hábitos, puede ser positivos o negativos (pueden ayudarnos o hacernos daño). Los creamos de dos formas fundamentales:

- REPETICIÓN. Viendo, oyendo, experimentando y afirmando las mismas conductas, pensamientos y sentimientos una y otra vez, hasta que los sentimos parte de nosotros.
- DRAMA O TRAUMA. Experimentamos eventos dolorosos o que nos mueven emocionalmente, y a continuación extraemos conclusiones de ellos sobre nosotros mismos y/o sobre cómo funciona el mundo.

Tal como el agua de un manantial no es el manantial mismo, sino una circunstancia que ha surgido porque el manantial está allí, la mayoría de nuestros pensamientos y sentimientos fluyen de manera natural de nuestras creencias fundamentales.

Así es como funciona: nuestros cerebros operan con impulsos eléctricos, que atraviesan unas células nerviosas llamadas "neuronas" que se comunican entre sí. Las neuronas se envían mensajes por medio de impulsos eléctricos que pasan por unas conexiones llamadas "sinapsis". Cuando experimentamos pensamientos, sentimientos y reacciones una y otra vez, o de manera intensificada, para responder a una situación de tensión, se forman redes neurales.

A partir de ahí, cuando se enciende una sección de esa red con un pensamiento, activa una reacción en cadena que activa muchos otros pensamientos asociados. Pensamos los pensamientos y sentimos los sentimientos en milisegundos. Si esta red es "positiva", nos sentimos inundados de buenos sentimientos, creando un canal claro y abierto para la energía de manifestación. Si la red es "negativa", el desorden emocional y la melancolía nos inundan, bloqueando nuestra capacidad de manifestar.

Así, por ejemplo, darte cuenta de que estás a punto de ser promocionado podría poner en marcha una cadena de pensamientos positivos como: "¡Tengo muchas ganas de empezar!" y "¡Mi vida va cada vez mejor!" Por otra parte, la misma toma de conciencia podría poner en marcha pensamientos conscientes y subconscientes como: "Voy a estar demasiado ocupado para atender a mi familia tal como lo hago ahora" o "Se esperará de mi que me relacione regularmente con personas muy importantes, y soy demasiado tímido para eso". Y así, los sentimientos (y acciones) que fluyen a partir de estos pensamientos pueden apoyar tu éxito o sabotearte, dependiendo de las circunstancias aplicables.

Las creencias esencialmente positivas sobre el universo y nuestro lugar en él actúan como canales abiertos por los que fluye la energía creativa hacia las visiones que queremos manifestar.

Éstos son algunos ejemplos de creencias esenciales positivas:

- Todo el mundo tiene un propósito en la vida.
- Todos somos importantes.
- El mundo es un lugar abundante y amistoso.
- La vida es buena.
- Dios ama a la gente incondicionalmente.
- Yo soy una persona buena y valiosa.
- Tengo el poder de cambiar mi vida y el mundo.
- Soy amado.
- Merezco vivir la vida de mis sueños.

Las creencias esenciales negativas impiden que la energía creativa fluya hacia nuestras visiones, canalizándola en cambio hacia los resultados que tememos, o que simplemente no deseamos.

Éstos son algunos ejemplos de creencias esenciales negativas:

- Es difícil encontrar amor.
- El éxito exige que dejes atrás a las personas que amas.
- El mundo de ahí fuera es duro y frío.
- Los ricos se hacen más ricos y los pobres se hacen más pobres.
- Tienes que sacrificar tus valores para seguir adelante.
- No merezco un compañero amoroso en mi vida porque me divorcié e hice daño a mis hijos.
- Soy demasiado mayor para cambiar de profesión.
- Cuando ocurre algo bueno en mi vida, después viene algo terrible.

Estas creencias no sólo bloquean nuestro proceso de manifestación, también eliminan la paz, la alegría y el amor de nuestras vidas. Pero hay esperanza, hay mucha esperanza.

Hasta hace unos pocos años, la mayoría de los científicos asumían que las redes neuronales que gobiernan nuestras creencias esenciales quedaban fijadas en la infancia, y sólo podían ser alteradas ligeramente en la vida adulta, si es que llegaban a ser alteradas en absoluto. Investigaciones recientes han mostrado concluyentemente que se equivocaban. En realidad, la totalidad de nuestro cerebro es muy maleable. Incluso existe un término para describir su maleabilidad: "Neuroplasticidad". Nuestros cerebros pueden ser conformados y reformados como si fueran de plastilina o arcilla, siempre que se den las condiciones adecuadas.

Todo esto implica que actualmente los científicos comprenden lo que los profesores espirituales nos han venido enseñando durante milenios: somos seres conscientes que podemos introducir enormes cambios en nuestras vidas emocionales y mentales. Podemos reestructurar nuestros programas neuronales usando principios que normalmente operan por debajo del nivel de nuestra conciencia. Podemos re-entrenar nuestros cerebros y retirar bloqueos emocionales a nuestra manifestación creando nuevos patrones de pensamiento, junto con las nuevas reacciones emocionales que les acompañan.

Todo lo que tenemos que hacer es pensar pensamientos que afirmen nuestras creencias esenciales positivas (y de este modo liberen respuestas emocionales positivas) una y otra vez, hasta crear redes neuronales positivas que sean más rápidas, más fuertes y más duraderas de lo que nunca fueron sus contrapartes negativas.

¿Puedes ver dónde nos lleva todo esto? Los pensamientos positivos conscientemente elegidos, reforzados una y otra vez, acaban convirtiéndose en creencias esenciales positivas. A partir de estos pensamientos esenciales positivos fluyen más pensamientos y sentimientos positivos que nos ayudan a manifestar nuestras visiones.

Aquí, en Paso Ocho, vas empezar una práctica vitalicia de re-entrenar tu cerebro para pensar pensamientos y sentir sentimientos que sustenten y promuevan la manifestación de todas sus visiones, no sólo aquélla en la que estás trabajando actualmente (tu "proyecto de aprendiz"). Las afirmaciones y el re-encuadre serán tus mejores aliados en este proceso.

¡Pero no serán tus *únicos* aliados! ¿Te has visto alguna vez haciendo el esfuerzo de transportar un pesado bulto hasta que un amigo te vio y se acercó para ayudarte y compartir tu carga? Lo que había sido una tarea pesada y desagradable se convirtió inmediatamente en fácil y agradable. La práctica de meditación que aprendiste en Paso Seis es ese amigo, que debilita la fuerza de muchas de tus redes neuronales negativas antes de llegar al Paso Ocho.

De hecho, esta relación sinérgica es uno de los aspectos más emocionantes de este paso del proceso de manifestación. Desde que empecé a meditar, la gente me ha venido diciendo cosas como: "¡Resulta mucho más difícil ponerte de los nervios!" Lo cierto es que gracias a la sanación que produce una simple meditación diaria las cosas me afectan menos.

El octavo paso es el trabajo de toda una vida. No obstante, en las primeras semanas y meses de su aplicación se pueden conseguir grandes cosas, y se pueden retirar algunos de los mayores bloqueos emocionales.

LOS CIENTÍFICOS DICEN

No somos víctimas

"Los receptores no están estancados, y pueden cambiar tanto en su sensibilidad como en su disposición con respecto a otras proteínas dentro de la membrana celular. Esto significa que incluso cuando nos sentimos "atascados" emocionalmente, fijados en una versión de la realidad que no nos hace un buen servicio, siempre existe el potencial bioquímico para el cambio y el crecimiento".

— Candace B. Pert, PhD
*Molecules of Emotion:
The Science Behind Mind-Body Medicine*

~~Creencias negativas

Las afirmaciones son declaraciones de creencias conscientes que eliges o diseñas, y que después repites en voz alta y con sentimiento varias veces al día, cada día. Cuanto más pienses en ellas (y las oigas), más rápidamente "re-estructuras" tus redes neuronales para sustentar los pensamientos y sentimientos que te permitan convertirte en un Maestro Manifestador.

Con cada repetición re-escribes sobre cada creencia negativa una creencia esencial positiva que fortalece tu poder de manifestación activando consistentemente sentimientos y pensamientos positivos. Esto convierte las afirmaciones en poderosas herramientas para deshacer y retirar los bloqueos emocionales que te impiden manifestar tu visión.

Éste es un ejercicio que te ayuda a identificar tus actuales creencias negativas a fin de diseñar las afirmaciones que usarás para reemplazarlas.

Acaba cada una de las frases siguientes de tantas maneras como puedas:

Me preocupa que si manifiesto mi visión...

_____

_____

_____

A veces dudo de que pueda manifestar mi visión porque...

_____

_____

Éstas son las creencias negativas y miedos con respecto a Dios o el Universo…

Éstas son las creencias negativas con respecto a mí mismo…

Ahora, crea una o más afirmaciones para cada una de las declaraciones que acabas de escribir. Toma otra hoja de papel (que puedas llevar contigo en tu cartera o doblada en tu agenda), y contradice una por una todas las creencias negativas que has identificado. Aborda cada creencia negativa que haya salido a la luz, aunque haya varias por cada entrada.

Cuando acabes, tendrás una lista de afirmaciones específicas que tratarán directamente los bloqueos emocionales más poderosos que se alzan entre tu visión y tú.

A medida que escribas…
- Acuérdate de anotar tus afirmaciones en presente.

Paso Ocho | Retirar los bloqueos emocionales

- Haz que tus afirmaciones suenen tal como hablas con tus amigos.
- Incorpora frecuentemente la gratitud, ¡esto potencia tu conciencia de abundancia!

Lo que sigue son algunos ejemplos de afirmaciones específicas que he desarrollado con algunos de mis clientes:

Creencia o miedo: Los artistas que se dedican exclusivamente al arte siempre están sin un euro.

Afirmaciones: "Muchos artistas profesionales ganan abundante dinero, y yo soy uno de ellos".

"El dinero fluye abundantemente hacia mí gracias a mi trabajo y otros recursos".

Creencia o miedo: He visto lo que les ocurre a los que triunfan en el mundo de la canción. Si este *single* se convierte en un éxito, ya no tendré vida privada y no podré confiar en las personas que me rodean. Incluso es posible que me vuelva alcohólico o drogadicto.

Afirmaciones: "Muchos cantantes de éxito tienen los pies en la tierra, y yo soy uno de ellos".

"Mantengo mi vida privada y mis límites sin temor, con una planificación cuidadosa".

"Soy muy juicioso en el trato con mi círculo de amigos, mis empleados y asociados".

"Disfruto de un estilo de vida sano y moderado, bebo muy poco y me abstengo de tomar drogas".

Creencia o miedo: Creo que no voy a poder manifestar mi visión de hacerme enfermera porque nunca he tenido éxito en nada.

Afirmaciones: "He tenido éxito en muchos de los retos que he afrontado en mí vida, como construir un buen matrimonio y criar niños sanos".

"Me encanta la escuela de enfermería".

"Me siento muy agradecida de ser una de las mejores alumnas de la clase".

"Me merezco cosas buenas, y me llegan cada día".

CREENCIA O MIEDO: Una parte de mí teme manifestar mi visión de convertirme en director de empresa porque creo que pagaré por la felicidad en mi vida profesional con infelicidad en el hogar.

AFIRMACIONES: "Los Maestros Manifestadores tienen vidas personales y profesionales emocionantes y plenas".

"Me encanta que me promocionen, y es algo que ocurre a menudo".

"Gracias a Dios, soy muy bueno a la hora de mantener el equilibrio en mi vida".

"Soy como un imán que atrae el éxito en el trabajo y el amor en el hogar".

CREENCIA O MIEDO: Nunca he tenido una relación saludable, probablemente porque mi padre abusó de mí cuando era niña. Creo que nunca seré capaz de relacionarme con un hombre de manera sana.

AFIRMACIONES: "Muchas personas han tenido infancias difíciles y después han disfrutado relaciones amorosas y maravillosas. Me siento agradecido por ser una de ellas".

"Me relaciono con los hombres de una manera saludable".

"Mantengo fronteras claras con los hombres".

"Me respeto y me amo completamente".

"Me siento agradecida de que haya tantos hombres maravillosos en el mundo".

"Estoy abierta a la relación adecuada".

"Atraigo hombres buenos y cariñosos con un gran carácter y moralidad".

"Ahora estoy atrayendo a un compañero de vida sexy, fuerte y dulce".

Creencia o miedo: He cometido tantos errores financieros en el pasado que tendré que pasar toda mi vida reparándolos. No tengo tiempo para hacer el trabajo que me gusta. Necesito un trabajo que me dé dinero.

Afirmaciones: "Gano abundante dinero para vivir cómodamente y pasármelo bien".

"Tomo decisiones económicas sólidas y responsables".

"Hago el trabajo que me encanta y 'la pasta' no deja de entrar".

"Gano mucho más dinero ahora qué hago el trabajo que me gusta".

"Cada día me suceden milagros económicos".

"Me siento muy agradecido por todos los recursos económicos que tengo a mi disposición".

Creencia o miedo: Nunca conseguiré el capital que necesito para hacer esa transición.

Afirmaciones: "Gracias a Dios dispongo de abundante dinero y recursos para hacer esa transición".

"Ahora me está llegando todo el dinero que necesito y mucho más".

"Tengo sentido de la oportunidad y huelo el dinero".

Nota: a medida que progrese el proceso de manifestación, diseña nuevas afirmaciones específicas para cualquier "nuevo" bloqueo emocional que te llame la atención.

Diseña afirmaciones específicas para tu manifestación

Mira tu escrito de la visión e identifica aspectos significativos de la misma que puedes apoyar mediante afirmaciones. A continuación, crea afirmaciones específicas para esos aspectos de tu manifestación.

Si estás manifestando un nuevo negocio, podrías afirmar que todo el capital que necesitas para emprender el vuelo fluye abundantemente hacia ti. Si estás manifestando una nueva relación romántica, podrías afirmar que mereces ser amado y aceptado totalmente, incluidos tus defectos. Si estas manifestando la curación de una enfermedad física, podrías afirmar que a tu cuerpo le encanta curarse, y que ahora mismo se está curando de la cabeza a los pies. Incluso puedes afirmar tu visión clarificada. (De hecho, ¡te sugiero que lo hagas!)

Éstas son algunas afirmaciones que yo creé para la manifestación de Matisse:

- "Mi amor y mis esfuerzos se hacen notar y marcan la diferencia en la vida de Matisse".
- "Me siento muy agradecida porque Matisse se está desarrollando y creciendo normalmente para su edad".
- "Soy una madre buena, amorosa y atenta".
- "Matisse está hablando fluida y grácilmente en español, catalán e inglés".
- "Disfruto de una relación amorosa y armoniosa con Matisse".
- "Matisse está aprendiendo y socializándose a un ritmo apropiado para su edad".
- "Matisse es amoroso, vibrante, sano y no padece alergias".

Cubre los puntos fundamentales con afirmaciones universales

Es imposible que identifiques todas las creencias esenciales negativas que hay enterradas en tu subconsciente, especialmente cuando empiezas a practicar las afirmaciones a diario. Por tanto, es conveniente incorporar a tu práctica cotidiana "afirmaciones universales", declaraciones positivas que funcionan para todo el mundo y en todas partes.

Pronuncia estas afirmaciones universales varias veces al día, e incluso con más frecuencia, para superponerlas automáticamente sobre la programación neural negativa que opera en tu vida:

Afirmaciones:
"Me amo y me acepto completamente hoy y cada día".

"Dejo ir los viejos pensamientos, sentimientos y creencias que ya no me sirven ni potencian mis visiones".

"Merezco recibir abundancia en toda las áreas de mi vida, y la recibo con gratitud".

"Soy íntegro, sano y maduro a todos los niveles: físico, emocional, mental y espiritual".

"Estoy lleno de energía vibrante y renovable para vivir mi propósito supremo, y me encanta ayudar a otros a vivir el suyo".

"Manifiesto mis visiones rápidamente con facilidad, y me encanta todo lo que tiene que ver con este proceso".

"Pido ayuda y apoyo cuando los necesito, y los recibo en abundancia del universo y de las personas que me rodean".

"El universo es amoroso, generoso y está lleno de tesoros, y siempre me da todo lo que necesito y mucho más".

"El amor fluye hacia mí durante todo el día, cada día, y yo permito que fluya a través de mí hacia el mundo".

Paso Ocho | Retirar los bloqueos emocionales

Repite todas tus afirmaciones al menos de 20 a 30 veces al día

Tus redes neuronales tomaron la forma que tienen porque pensaste y sentiste las mismas cosas una y otra vez. Ahora vas a superponer nuevas creencias sobre ellas del mismo modo: pensando y sintiendo nuevos pensamientos y emociones *una y otra vez*. Y de nuevo una y otra vez. Y de nuevo una y otra, y otra, y otra vez... (¡¿Entiendes la idea?!)

Muchos expertos creen que posiblemente es necesario repetir una afirmación hasta 1.000 veces para efectuar un cambio duradero en tu red neuronal. En igual de condiciones, repetir una información 20 veces al día es el doble de efectivo que repetirla únicamente 10 veces. Por tanto, márcate el objetivo de repetir cada una de ellas al menos entre 10 y 15 veces por la mañana y otras 10 a 15 veces por la tarde. Seguidamente, juega a superar tus objetivos con toda la amplitud y frecuencia que puedas.

Al principio es posible que te sientas extraño repitiendo las afirmaciones. Dilas *igualmente*. Si hay una afirmación concreta que te provoca resistencia o sentimientos negativos, entiende que está dirigida directamente a un bloqueo emocional que ahora mismo es clave para tu visión y tu felicidad.

Pero, ¿por qué no puedo simplemente leerlas y pensarlas?, me preguntó hace poco mi cliente Stephanie. (Y sé que algunos de ustedes se están preguntando lo mismo). Si bien leer y pensar afirmaciones tiene un impacto positivo en tus redes neuronales, pronunciarlas y escucharlas tiene un impacto positivo mucho más *poderoso*. Ves, tu cerebro es mucho menos discriminante a la hora de creer lo que oye que a la hora de creer lo que lee (o "piensa"). Esto significa que el simple hecho de oír tus afirmaciones te permite abrirte paso entre las dudas que surgen en tu mente cuando las lees. Y el acto de hablar en sí mismo multiplica el poder de cualquier afirmación, porque te da acceso a muchas redes neuronales adicionales.

Convierte tus afirmaciones en parte de tu rutina diaria

Hay muchas maneras de incorporar las afirmaciones en tu vida diaria. Puedes imprimirlas, plastificarlas y después colocarlas en la ducha para acceder fácilmente a ellas cuando te duchas por la mañana. Puedes grabarte repitiéndolas de 10 a 20 veces con una voz cálida y positiva, y después pronunciarlas al unísono con la grabación cuando vas a trabajar, y escucharlas cuando vayas a dormir cada noche. Puedes anotarlas en tarjetas y ponerlas en tu cartera o en el bolso, sacándolas cuando pases unos minutos solo.

Simplemente encuentra algún modo de hacer de las afirmaciones una parte natural de tu rutina diaria, y pronto las creencias esenciales positivas que representan se convertirán en parte de ti.

Siente o genera emociones positivas al repetir las afirmaciones

Cuanta más emoción positiva puedas asociar con cada repetición de tus afirmaciones, más intensamente reestructurarás tu cerebro. A medida que las pronuncias en voz alta, imprégnate de una emoción cálida, feliz y optimista.

Toma la decisión de sentir la verdad última de cada afirmación individual mientras la dices, aunque no puedas creer en ella con la mente racional. Verás que se producen cambios radicales en tu estado mental y emocional (y por tanto una aceleración de tu manifestación) cuanto más afirmas cada nueva verdad individual. Porque eso es lo que es: una nueva verdad para ti.

No es una mentira, aunque al principio no te parezca auténtica. Simplemente es algo que ahora no crees, pero que creerás muy pronto. Actúa como si la creyeras, repítela cada día y en unos pocos días o semanas sentirás que es real para ti. En resumen: "Haz 'como si' hasta que lo consigas".

Todos tenemos un actor nato dentro de nosotros. De hecho, algunos hemos hecho actuaciones que merecerían premios de la Academia, ¡si alguien hubiera sospechado que estábamos actuando! (No se dieron cuenta porque éramos *así de buenos*). Si te sientes incómodo cuando pronuncias una afirmación, conecta con tu "actor" y realiza una actuación para tu cerebro. Actúa como si creyeras lo que estás diciendo y habla con convicción.

Sumerge tu cerebro relajado en afirmaciones

Crea grabaciones de ti mismo pronunciando tus afirmaciones y escuchándolas con toda la frecuencia que puedas, especialmente cuando te vayas a dormir, estés durmiendo o estés despertando (para aprovechar la mayor receptividad de tu cerebro en esos momentos).

Cuando estaba usando este proceso para la curación de Matisse, lleve esta práctica al siguiente nivel y grabe afirmaciones específicas *para él* que duraban media hora. Muchas noches, Matisse se quedaba pacíficamente dormido con los auriculares puestos mientras sonaban aproximadamente 100 mensajes en media hora.

Éstas son algunas de las afirmaciones que él oía cada noche:

- "Yo, Matisse, soy un niño muy inteligente".
- "Yo, Matisse, disfruto yendo a la escuela".
- "Me encanta hacer las actividades que me manda mi profesor".
- "Matisse es un niño fuerte y saludable".
- "Yo, Matisse, comunico con mucha claridad".

Asociada con tu práctica de meditación, la repetición de afirmaciones específicas y universales de 20 a 30 veces al día producirá un cambio radical en tu paisaje emocional. Reemplazará la mayoría de tus creencias esenciales negativas por sus contrapartes positivas. Los pensamientos y sentimientos positivos que surjan naturalmente de estas nuevas creencias actuarán como canales abiertos a través de los cuales podrás manifestar tu visión.

¿Y qué pasa si la meditación y las afirmaciones no son suficiente?

Lo cierto es que, a menos que hayas vivido en una burbuja libre de disfunción emocional, no serán suficiente. Necesitarás hacer algo más para sacar el máximo partido de este paso, y curarte de las heridas y problemas más profundos. Existen muchos métodos de curación emocional altamente eficaces que tengo la esperanza de que explores, incluyendo los siguientes:

- Las Técnicas cognitivo-conductuales y terapias de los "Bienes Humanos".
- El Reiki, acupuntura y acupresión.
- El Toque terapéutico y masaje.
- La "Técnica de liberación emocional".
- El de Supernutrición y ejercicio.
- Los Programas de los 12 pasos (para abordar problemas relacionados con la addicción).
- La Quiropráctica.

… y otras que descubrirás a medida que estudies este octavo paso.

Mas allá de lo anterior, me gustaría que empezaras a pensar en los sucesos dolorosos del pasado y en los errores cometidos de una nueva forma utilizando el reencuadre.

Reencuadra tu pasado

Muchos Maestros Manifestadores han tenido infancias traumáticas, adolescencias plagadas de fracasos y experiencias dolorosas en la madurez. De hecho, a la luz de sus historias, un pasado oscuro o decepcionante casi parece un prerrequisito para tener un futuro brillante.

Adversidad, reveses e incluso errores personales desastrosos pueden servir como campo base espiritual y prepararte para manifestar tus visiones para ti mismo y para otros de un modo que una vida más bondadosa y amable nunca podría conseguir.

Tus heridas y pérdidas no tienen por qué definirte, excepto del mejor modo posible. Cuando las hayas afrontado y curado, pueden equiparte para superar retos que de otro modo te impedirían manifestar tus visiones. Pueden darte herramientas para ayudar a personas que estén en situaciones similares, y a los que sufren en general. Pueden hacer de ti un jefe mejor, un mejor director, un mejor gobernador, un mejor inversor. Pueden hacerte mejor, punto.

Éstos son algunos Maestros Manifestadores que transformaron sus experiencias traumáticas mediante el re-encuadre:

- Louise Hay. Autora de "Tú puedes sanar tu vida" y fundadora de Hay House Publishing. (Víctima de violación infantil, abuso y negligencia).

- Bill Wilson ("Bill W."). Fundador de Alcohólicos Anónimos. (Abandono por su madre/alcoholismo severo/enfermedad mental).

- Merri Dee. Productora de televisión/financia proyectos de caridad para niños/abogado de víctimas. (Abuso infantil severo/secuestro/víctima de tiroteo).

- Augusten Burroughs. Autor del éxito de ventas biográfico: "Recortes de mi vida"/orador. (Abandono por la madre y el padre/víctima de negligencias/abuso sexual/rapto/alcoholismo).

- Maya Angelou. Autora/poetisa premiada/oradora/activista/líder. (Abuso/raptada en su infancia/su tío mató a un atacante/madre adolescente).

¡Empieza ahora mismo!

Un pasado triste o cruel no tiene por qué limitarte. Incluso tus propios fallos y errores pueden acabar convirtiéndose en algunos de tus activos más importantes. Las experiencias de abuso, abandono, adicción e incluso pérdidas que te han roto el corazón pueden ser útiles para ti y para los demás siempre que uses lo aprendido de ellas para mejorar tu propia vida y las vidas de otros. Pueden convertirse en piedras de toque para mejorar tu vida y tu proceso de manifestación.

Usa el siguiente ejercicio escrito para desvelar y descubrir algunos de los dones envueltos en el dolor de tu pasado.

¿Qué habilidades te ha dado el dolor de tu pasado?

_____

_____

¿Cómo usas tus experiencias difíciles para ayudar a otros?

_____

_____

¿Qué valiosas lecciones has aprendido de tus errores?

_____

_____

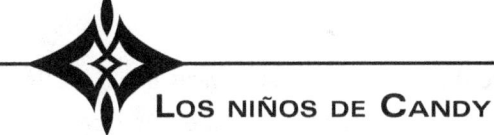

LOS NIÑOS DE CANDY

Cuando un conductor borracho chocó contra el coche de su madre, dejando a una de sus hijas gemelas de 18 meses de edad cubierta de pedazos de vidrio, cortes y moratones, Candy se sintió enfadada y atemorizada. Ella cuidó de su niña. Seis años después, cuando su hijo Travis fue atropellado por otro conductor impedido y sufrió el colapso de un pulmón, varias costillas rotas, una pierna rota y una lesión cerebral permanente, Candy se enfadó y tomó una actitud activa y protectora. Cuidó de su hijo. Pero seis años después de eso, cuando otro conductor borracho atropelló y mató a su hija Cari mientras caminaba por una tranquila calle de un barrio periférico, Candy se desesperó. No podía cuidar de su hija, pero podía ayudar a cuidar de otros niños, y de otras personas en general.

A los pocos días de la muerte de su hija, Candance Lightner creó la Asociación Madres Contra la Conducción en estado de Embriaguez (M.A.D.D.). Nutrida por su pena y su furia, se enfrentó con un sistema de justicia perezoso que apenas penalizaba a los conductores borrachos, si es que lo había hecho en algún momento, y empezó a trabajar para aplicar una legislación y establecer programas de conciencia pública que redujeran radicalmente el número de conductores borrachos en las carreteras. Sus esfuerzos han salvado miles de vidas hasta nuestros días, y ciertamente salvarán muchas más en el futuro. Candance Lightner transformó una pérdida tan brutal que muchos padres ni siquiera se atreven a imaginarlo en un catalizador para algo tan hermoso que muchas personas le dan las gracias cada día. No se limitó a resarcirse. Fue mucho más lejos que eso.

Resumen

Para aplicar el octavo paso, descubre las creencias negativas esenciales y profundamente arraigadas que podrían crear bloqueos emocionales a tu manifestación. Seguidamente, diseña afirmaciones específicas para abordarlas directamente. Crea afirmaciones específicas para tu manifestación que te apoyen en tu proceso y "cubran los puntos fundamentales" con afirmaciones universales. Repite cada una de tus afirmaciones al menos de 20 a 30 veces al día, convirtiéndolas en parte de tu rutina cotidiana y pronunciándolas con sentimiento y convicción. ◆ Explora otras terapias que hayan demostrado su eficacia, mientras reencuadras el dolor de tu pasado en términos que te permitan ver sus regalos, especialmente en términos de fuerza y servicio. Y recuerda: el octavo paso es un proceso para toda la vida al que querrás asignar una alta prioridad.

Ahora vamos al noveno paso, en el que hablaremos de acumular fe y rendirnos al resultado.

creando a Matisse

Observo ansiosamente a la logopeda mientras toma notas apresuradamente, con el ceño fruncido. Finalmente suspira y levanta la vista. Yo le digo en lo que espero que sea una voz tranquila y amistosa:

—Querré los resultados inmediatamente.

—Le informaré la semana que viene—dice ella—y después tendremos dos semanas más de pruebas antes de empezar el tratamiento.

¡Dos semanas más!

—¿No podríamos empezar algún tipo de tratamiento para él ahora mismo? —pregunto con un tono ligeramente lastimoso en mis palabras.

En ese momento oigo mi voz interna, la que he aprendido a reconocer gracias a la meditación, que me dice: "Paciencia, Michelle. Deja que las cosas vayan fluyendo. Confía, Michelle. Confía". Tomo una respiración profunda.

—De acuerdo—digo—, te veremos la semana que viene.

Siete días después estamos de vuelta en su despacho.

—Bueno—dice ella—, hay algún problema. Hay varios sonidos que es posible que nunca pueda pronunciar por el daño neurológico. No puede mover la lengua adecuadamente. Estoy segura de que has notado como le cuelga el lado derecho de la boca…

Ella continúa, pero sus palabras empiezan a juntarse y a emborronarse. Una vez más, oigo a la voz decir: "Confía, Michelle, confía". Vuelvo a casa y entro en nuestro hermoso apartamento. Entonces pienso: bueno, he sido capaz de manifestar todo esto. Examino mi diario de manifestación. He manifestado tantas cosas maravillosas en mi vida. Todo está ocurriendo como debe. Lo único que tengo que hacer es aplicar los pasos y olvidarme.

Medito y visualizo a Matisse feliz, sano y hablando conmigo por los codos, con una enorme sonrisa en su cara. Después de los momentos, la imagen se vuelve tan real que no puedo imaginar su realidad de ninguna otra manera.

Al acabar, invoco a Dios, al Universo, para pedirles fuerza: "Dejo a mi hijo en tus manos. Sé que harás lo mejor y lo que sea necesario. Por favor, dame paciencia para confiar cuando tenga dudas. Por favor retira todo miedo de mi mente. Quiero dejar de intentar forzar las cosas. Me rindo a tu Sabiduría y a Tu Plan".

Paso Nueve
Acumular fe y rendirse

Ten confianza en el Universo y en tu proceso de manifestación, después no estés pendiente del resultado y observa tu visión emerger en alineamiento con el Plan Último.

El dolor pasa, pero la belleza permanece.

— Pierre-Auguste Renoir
Pintor impresionista francés (1841–1919)

Cada vez que decides manifestar una *gran* visión, una que epresente un gran cambio de realidad, el universo te sorprenderá poniéndote a prueba. Te enviará un importante desafío (o varios) que superar, y después esperará a ver cómo respondes. En esencia, te preguntara: "¿Quieres realmente, *realmente,* esta realidad? ¿Podrás con ella cuando llegue a tu vida?"

Responder a los retos con fe y tenacidad es tu oportunidad de demostrarte a ti mismo y al universo que, de hecho, quieres, *realmente* quieres que se manifieste tu visión. También es tu oportunidad de convertirte en la persona que necesitas ser para *vivir tu visión.*

Ves, el tú que vive en la realidad que quieres, es, como mínimo, un poco diferente del tú que vive en tu realidad actual, *aunque sólo sea en pequeños matices.* Para convertirte en la persona que has de ser para que se manifieste tu visión, tendrás que madurar o expandir tus habilidades de formas que podrías no entender. No obstante, el universo *las entiende,* y ya está trabajando para asegurarse de que te lleguen las lecciones que necesitas para crecer.

A través de los desafíos, el Universo te ayuda a desarrollarte como un ser completo: cuerpo, mente y espíritu. Desarrolla tus "músculos de manifestación", ayudándote a fortalecer las cualidades que necesitas para realizar el propósito último de tu visión, cualidades que quieres desarrollar dentro de ti por una miríada de otras razones que comprenderás con el tiempo.

Y esto nos lleva a la idea del "gran cuadro" que forma el núcleo no sólo de este paso, sino de todo el proceso de manifestación: el Plan Último. El Universo tiene sus propias ideas sobre cómo se va a manifestar tu visión, que es parte de una visión mayor que alberga para ti y para todos los demás seres del planeta.

El Plan Último no sólo es mucho mayor que cualquier sueño o deseo, es la inspiración que forma el núcleo de *cada visión jamás concebida.* Este Plan siempre está operando, a menudo de manera que nuestras mentes racionales no pueden entender, aunque nuestros espíritus los comprenden siempre.

Ésta es la razón por la que clarificaste tu visión originalmente. Y también es la razón por la que el proceso de "dar a luz" tu visión es tan fácil o tan complicado. El Plan hace funcionar toda las cosas en perfecto orden, en el momento perfecto, y para una multitud de propósitos perfectos. Puedes confiar en él.

Acumular la fe que necesitas para manifestar tu visión mientras renuncias a tu apego emocional a ella (dejando el resultado en manos del Universo o Dios) puede parecer una orden imposible, pero *no* lo es. Y aquí, en PASO NUEVE, vas a aprender a hacerlo.

LOS CIENTÍFICOS DICEN

Todas las cosas, en todas partes, son energía interactiva

"Los átomos físicos están hechos de vórtices energéticos que giran y vibran constantemente... la perspectiva cuántica revela que el universo es una integración de campos energéticos interdependientes entrelazados por una trama de interacciones."

— Bruce H. Lipton, PhD
The Biology of Belief:
Unleashing the Power of Consciousness, Matter and Miracles

Doblarse sin romperse

Imagínate un hermoso árbol frutal, un árbol alto, fuerte y flexible con unas raíces que se hunden cada día más y más profundamente en la tierra. Tú eres ese árbol. Puedes doblarte con el viento, pero no te romperás ni serás arrancado. Puedes hacer concesiones en cuanto a *cómo* manifestará tu visión el Universo, pero no hagas concesiones con respecto a la esencia de la visión.

Cuando era joven y vivía en Irlanda, quería manifestar mi visión de vivir en España siendo dueña de mi propia consulta. Entonces recibí una estupenda oferta de un quiropráctico local que era muy popular allí. Dicha oferta significaba una entrada fácil en la ciudad, un sueldo generoso y verme libre de los riesgos económicos de abrir una consulta en solitario. Quería y respetaba mucho al que podría ser mi jefe, y confiaba en que disfrutaríamos trabajando juntos. Pero mi escrito de la visión decía claramente: "Mi propia consulta quiropráctica", y no "¡Trabajar para un jefe estupendo!" Así, con el corazón y la mente acelerados a 200 por hora, decliné la oferta.

Toda la gente a mi alrededor me dijo que estaba loca. "¿Cómo has podido hacer eso?", me preguntaba una de mis amigas una y otra vez. Pero sólo durante un día, porque en menos de 24 horas recibí una llamada sorprendente de un conocido:

—Tengo una amiga en Francia que acaba de abrir consulta en Barcelona, pero su marido ha decidido que no quiere vivir allí—dijo—¿Te interesaría comprársela?

La oportunidad era sorprendente: todo lo que podía esperar y más. Y el precio era justo, como mínimo. La ubicación era perfecta y todo el trabajo preparatorio ya se había completado. Incluso pude negociar un trato con la vendedora por el que ella se encargaría de tramitar mis papeles de inmigración.

Pasé mi prueba. Y por ello conseguí mi consulta y la resolución del papeleo, todo ello en un paquete perfecto que encajaba perfectamente con mi presupuesto y con mi vida.

Nutre las relaciones que incrementan la fe

La fe es energía. Y una de las verdades más interesantes con respecto a ella es que cuando la energía de *tu* fe y la energía de *mi* fe se juntan, crean un efecto sinérgico. Juntas se convierten en mucho más que la suma de sus partes.

Si tanto tú como yo queremos desarrollar nuestras habilidades como Maestros Manifestadores, y comemos juntos para hablar de nuestras experiencias, de las limitaciones que experimentamos y de las historias exitosas que hemos oído o leído, ambos saldremos del restaurante con algo más que el estómago lleno. Saldremos con más *fe* de la que teníamos al entrar, probablemente mucha más.

Si intercambiamos llamadas y e-mails motivadores, acabamos cada intercambio con más fe de la que teníamos cuando descolgamos el teléfono o hicimos "clic" en "escribir correo".

Esta relaciones que acumulan fe nos mantienen inspirados, positivos y alineados, al tiempo que nos ayudan a acumular *reservas* de fe para los tiempos en que surjan desafíos, así como para futuras manifestaciones.

Pasar tiempo con un Maestro Manifestador puede llevar este efecto sinérgico a un nivel superior. Tanto si el Maestro Manifestador que estás conociendo es *consciente* de las habilidades que usa para plasmar sus pensamientos en la realidad como si no, el tiempo que compartas con él multiplicara la energía de tu fe y acelerará tu manifestación a pasos agigantados.

Elige "medios de comunicación que favorezcan la manifestación"

Las descripciones de relaciones destructivas y adictivas, de escenas de violencia y miedo, y los mensajes egocéntricos orientan tus pensamientos hacia direcciones negativas y agotan la energía positiva que necesitas para tus manifestaciones.

Conviértete en un consumidor de información consciente, en lugar de ser víctima de los medios de comunicación convencionales. Mira películas inspiradoras que fortalezcan tu fe como *El Secreto*, *¿Y tú qué sabes?*, *Campo de sueños*, *Shawshank Redemption*, y otras producciones que fomenten tu maestría en la manifestación. Deja de ver películas y programas de televisión que sustenten una visión del mundo pesimista, violenta y marcada por la privación.

Lee diariamente biografías de Maestros Manifestadores, textos espirituales y los libros que aparecen en la sección *Recursos Recomendados*. Minimiza o elimina el tiempo que dedicas a leer "basura", como novelas románticas y policíacas.

Asiste a seminarios y charlas que alimenten tu fe, aunque estés totalmente familiarizado con los principios y técnicas que enseñan. Si tu iglesia, sinagoga, mezquita, sangha o grupo de estudio espiritual no te ayuda a acumular fe semanalmente, encuentra otro que lo haga.

Cuanto más elijas llenar tus pensamientos con los mensajes positivos de medios relacionados con la manifestación, en lugar de los mensajes debilitantes de los medios de comunicación convencionales, tanto más acelerarás la plasmación de tus visiones en la realidad.

Cuando la manifestación de Matisse estaba en marcha, desconecté la antena de la televisión para que sólo pudiera ver DVDs de los programas que su padre y yo elegíamos para él. Programas centrados en el aprendizaje y películas que presentaban relaciones familiares tranquilas, amorosas y felices, niños florecientes y otras actividades llenaron los espacios de su mente que habían quedado bloqueados por programaciones inconscientes o negativas.

Esta decisión tuvo el feliz efecto de elevar mi propia energía de manifestación en tal medida que llegué a una nueva comprensión del poder que los medios que consumimos ejercen en nuestros pensamientos y emociones. Ningún Maestro Manifestador (potencial o de otro tipo) puede permitirse consumir mensajes e imágenes mediáticas sin pensar en cómo impactarán en su proceso de manifestación.

Lleva un diario de tu proceso de manifestación

Empieza a llevar un registro de todos los resultados que manifiestas, grandes o pequeños, tanto si les aplicas formalmente todos los pasos de este proceso como si no. Puedes hacerlo creando un diario de manifestación y llenándolo de imágenes de las visiones que manifiestas en cuanto emerjan a la realidad.

Simplemente toma fotos de las visiones materializadas y localiza imágenes en la web para representar lo que no puedes fotografiar. A continuación, pega las imágenes en tu libro de recortes, junto con algunas palabras descriptivas y su fecha de manifestación. Mi diario de manifestación incluye fotos de la mayoría de mis manifestaciones: vacaciones, apartamentos, mi marido, mis hijos, mi despacho y más. (Las únicas manifestaciones que faltan son las que he olvidado, las que materialicé antes de empezar a llevar mi diario).

Considera que tu diario de manifestación es tan importante para ti como las fotografías de tus hijos, puesto que uno de los regalos más preciosos que puedes dar a cualquier niño es tu propio desarrollo como Maestro Manifestador. Cuando necesites un empujón, abre tu cuaderno y conecta con el depósito de fe que guardas en tu interior.

Pide una señal al universo

Una mañana, estando de vacaciones en una playa, necesitaba desesperadamente un protector labial y me di cuenta de que había vuelto a olvidarlo en casa. "Esto me pasa cada vez que voy alguna parte", pensé, "me niego a comprar otro tubo". Decidí poner a prueba mis habilidades de manifestación y añadí manifestar un nuevo tubo de protector labial a mi lista de tareas para esa mañana. "Y que no sea de los baratos", dije en voz alta al final de mi sesión de visualización.

Posteriormente, cuando me senté en la mesa de una cafetería, encontré una bolsa de papel con un tubo nuevo de protector labial *Lancome* en el suelo junto a mi silla. Como aquello era un gran ejemplo de una manifestación rápida y poderosa, decidí convertirlo en una "señal distintiva". Pedí al Universo que me enviara un tubo de protector labial cuando necesitara potenciar mi fe. "Señor, simplemente úsalo para informarme de que estoy en el buen camino, y de que tú me cuidas", recé.

Hace unos meses, cuando este libro estaba en sus primeras etapas, pasé una semana de crisis traumática y dolorosa. Un grupo de hombres asaltaron mi consulta mientras dos miembros de mi equipo y yo nos escondíamos en uno de los despachos, conscientes de que los ladrones *sabían que estábamos allí*. Mi hijo resultó herido en un pavoroso accidente y estuvo una semana hospitalizado. Una relación personal muy importante se fracturó y parecía estar más allá de cualquier posibilidad de reparación. Y la guinda del pastel: me robaron la cartera.

"La semana complicada" empezó el lunes, y cuando desperté el viernes por la mañana e iba a prepararme para dar un seminario sobre este proceso de manifestación, me sentía profundamente dolida y conmovida. Dije al Universo: "Puedo hacerlo si me envías una señal de que todo va a estar bien, de que estoy haciendo lo que debo hacer".

Me duché, me vestí, salí por la puerta y tomé un taxi donde descubrí... un tubo de protector labial. Pero eso no es todo. Al llegar a mi oficina hurgué en un viejo recipiente para bolígrafos en busca de un rotulador y encontré otro tubo de protector labial que había perdido hacía al menos cinco años.

Y hace sólo unas semanas, cuando se torció una conferencia que tenía comprometida y descubrí que un miembro de mi personal me robaba, volví a pedir ayuda. Ese día, cuando recogí a Matisse de la escuela, el corrió hacia mí y me dijo: "Tengo un regalo para ti, mamá", y me dio un tubo de protector labial que había encontrado en el patio del colegio.

Llamé a mi correctora para contarle lo que me había ocurrido porque quería incluirlo en el libro. Curiosamente, después de colgar, su hija adolescente llegó a casa, entró en su despacho y le dijo: "Necesito un protector labial".

Empecé manifestando el protector labial para aliviar mis labios, y ahora lo manifiesto para aliviar mi alma. De hecho, tengo una hermosa fila de tubos de protector labial en un cajón de mi escritorio. Cuando la veo, me río y mi fe se fortalece inmediatamente.

Hace unas semanas, una cliente pidió al Universo una señal de que "esto funciona" mientras estaba en una librería, y el DVD *El Secreto* cayó de una estantería y le pegó en la pierna con tanta fuerza que casi le hizo daño. Varios días después pidió otra señal para aumentar su fe en este proceso y ayudarle a manifestar el nuevo coche que quería. A continuación encendió la radio para escuchar un debate político. En el momento de sintonizar, el comentarista empezó a contar una historia sobre el uso de *El Secreto* para manifestar un nuevo coche. (A día de hoy, el nuevo coche de mi cliente está en camino). Ahora su señal distintiva es *El Secreto*.

Pide al Universo que te envíe una señal distintiva y observa qué ocurre.

Confía en la sabiduría del universo

Cuando los obstáculos bloqueen tu camino o los retos te compliquen la existencia, confía en la sabiduría del Universo. Cuando hayas agotado tus propias ideas o sientas que una prueba *te resulta excesiva,* recuerda que no estás solo en esto. Entiende que el Universo está cuidando de ti y de tu visión.

Hace un par de años, mi hermana se propuso manifestar que su nuevo negocio fuera promocionado gratuitamente. En breve recibió una importante llamada en la que le proponían ser entrevistada en un programa popular. Inmediatamente empezó a visualizar que el programa salía bien, muy bien, que daba a conocer su negocio y le ofrecía muchas oportunidades. A los pocos días, expandió sus visualizaciones para incluir que el presentador volvía a invitarle a aparecer en otro programa.

Ella quería que todo saliera de la mejor manera posible, evidentemente, de modo que el día de la entrevista llegó al estudio con 20 minutos de antelación. Estaba nerviosa, pero las visualizaciones le ayudaron a apaciguar su inquietud.

Cuando pasó por la puerta, el presentador del programa le espetó enfadado: "¡Llegas una hora tarde!" Ella se sintió aplastada, casi angustiada. Él le lanzó el micrófono y al segundo siguiente estaban en el aire. A pesar de la frustración del presentador y del pánico de mi hermana, la entrevista fue un gran éxito. De hecho, tuvo tanto éxito que él le invito a volver, y en la siguiente ocasión le hizo otra entrevista que duró toda una hora. Ella pudo dar a conocer su negocio el doble de tiempo. (El error había sido del estudio, no de mi hermana).

Esta historia es un gran ejemplo de que, incluso cuando parece que todo se sale del carril, en realidad sigue avanzando como debe. Puedes estar seguro de que en algún momento tendrás al menos un vislumbre de las razones del Universo para cada aparente retraso, revés o error.

Tal vez veas el orden divino emerger del caos tan rápidamente como mi hermana. Por otra parte, es posible que tengas que esperar semanas, meses o incluso años para entender por qué cada fase de tu manifestación se despliega tal como lo hace. Pero finalmente, todo estará en su lugar. Y tú lo *entenderás*.

Ríndete verbalmente

Cuando tengas dudas, o estés tenso o preocupado por algún aspecto de tu manifestación, toma la decisión de rendirte. Seguidamente, toma una respiración profunda, relájate y declara tu rendición para traerla a la existencia.

Di algo de este orden: "Suelto toda esta situación ahora. Permito que él Universo me traiga una solución alineada con el Plan Último y con el mayor bien de todos los seres".

O envía una pequeña oración: "Dios, te entrego mi sueño de _____, para que lo guardes y lo plasmes de acuerdo con tu plan para mí y para el mundo".

Aunque sientas que no te estás rindiendo mientras las palabras salen de tu boca, tus oídos las oirán y tu cerebro las procesará tanto consciente como subconscientemente. Tu intención de rendirte se pondrá a trabajar, transformando tu estado interno hasta que tus sentimientos concuerden con tus palabras.

Manifestar libertad y justicia

En 1962, un joven revolucionario africano fue sentenciado a cadena perpetua por actos de sabotaje contra su gobierno. (En ese momento, el régimen que gobernaba la nación empleaba la pobreza legislada, el abuso civil y la violencia para mantener sometidos a los ciudadanos negros en un estado servil equiparable a la esclavitud). El joven pasó los 18 años siguientes realizando trabajos forzados, a los que siguieron 10 años más en prisión, en condiciones algo más humanas.

Durante todo este tiempo, él y sus compatriotas nunca dejaron de planear modos de liberar a su pueblo y de crear una nación justa para todos. En varias ocasiones los representantes del gobierno le ofrecieron liberarle si abandonaba su papel de líder revolucionario. Él se negó. Desde detrás de los muros de la prisión, su voz habló al mundo, uniendo a los pueblos de todo el planeta en nombre de su causa.

Cuando finalmente fue liberado de la prisión en 1990 (incondicionalmente), salió con un mensaje de reconciliación y esperanza para todos los ciudadanos de su país. Inmediatamente se convirtió en el líder moral de su pueblo y desarrolló una nueva constitución que protegía los derechos de todos los ciudadanos sin distinción de credo o color. Cuatro años después, en las primeras elecciones libres celebradas en 1994, Nelson Mandela fue elegido presidente de Sudáfrica.

Resumen

Para aplicar el noveno paso a la manifestación, dóblate sin romperte. Sé flexible en cuanto cómo elige el Universo llevar tu visión a la realidad, pero sin ceder en cuanto al contenido de la visión. ◆ Comprende los obstáculos como lo que son: pruebas del Universo para ver si realmente mantienes tu visión, y un *entrenamiento* para la vida que vivirás cuando tu misión se manifieste. Lleva un diario de la manifestación y elige medios acordes con ella. Alimenta aquellas relaciones que incrementan tu fe. Pide signos al Universo y confía en que su sabiduría resolverá los detalles del proceso. ◆ Finalmente, cuando las cosas se pongan difíciles, o cuando te sientas ansioso con respecto a tu manifestación, suéltala. Ríndete al Plan Último, entregándote y dejando tu visión al cuidado de Dios y/o el Universo.

Ahora pasemos al décimo paso, en el que aprenderás por qué debes revisar y/o re-visionar tus visiones cada vez que empiecen a manifestarse plenamente.

creando a Matisse

Adrián y yo atravesamos las puertas del colegio de Matisse a las 16:00 horas, justo a tiempo para nuestra conferencia padres-profesores. Vemos a nuestro hijo correr y reir con otros niños en el patio de la escuela. Está gritando con esa alegría incontenible que sólo los niños más pequeños pueden expresar. No podemos resistirnos y nos detenernos un momento para verle jugar con sus amigos al "escondite". Su voz resuena en todo el patio, clara y fuerte, cuando abrimos la puerta y entramos.

Ha transcurrido más de un año desde aquel encuentro que me rompió el corazón, y me hizo emprender el camino de la manifestación de Matisse. Entro en su nueva clase con el corazón acelerado y sonriendo.

Su profesora corresponde a mi sonrisa con otra sonrisa brillante y feliz:

—¿Cómo crees que va todo? ¡Estoy tan contenta con su progreso!

Las noticias son buenas. No nos sorprende. No obstante, saboreamos cada momento.

Matisse es un alumno entusiasta, le encanta aprender. Hace el trabajo de clase con gusto y curiosidad. Es un artista floreciente, un líder entre su pequeño grupo de amigos, y una personalidad muy potente. Sus habilidades lingüísticas son excelentes, y está rindiendo por encima de la media en todas las asignaturas.

Sobre todo, está floreciendo, pero no es el colmo de la perfección: tiene algunos problemas con las reglas y las normativas, ¡especialmente las que le impiden socializar con sus amigos! Nuestro hijo tímido y apocado ha florecido hasta convertirse en un líder para sus amigos, en un experto en relaciones sociales, y habla por los codos.

—¿Quieres que le llame?—me pregunta su profesora mientras camina hacia la ventana—. ¡Matisse!

Mi hijo se gira para vernos, saludándole a través de la ventana. Sus ojos se iluminan y una gran sonrisa se dibuja en su cara. Las comisuras de sus labios se curvan perfectamente.

Segundos después, corre a mis brazos y casi me tira al suelo.

—¡Mami!—grita—. ¡Gracias por venir a recogerme!

Trato de mantener el equilibrio mientras me llena la cara de besos. Me aprieta tanto que podría pensarse que no nos hemos visto en días, aunque yo misma le traje a la escuela esta mañana (¡a petición suya!). Después me toma la mano y me lleva a su clase. Paseándome por el aula, me enseña entusiasmado sus trabajos, comentando todo lo que ha aprendido en la escuela y lo que quiere hacer al llegar a casa.

Su profesora me mira:

—¡Es una delicia!

Una deliciosa sensación de *déjà vu* me atraviesa. Ya he estado aquí. Ya he vivido estos momentos en el viaje imaginario que hice para crear el escrito de mi visión y en mis visualizaciones de la curación de Matisse.

Ahora la realidad que he estado manifestando para Matisse y la realidad-tal-como-la-conocemos convergen. Mi ojos se llenan, mi corazón se abre como un loto.

En ese momento sé que ha llegado la hora de expandir mi visión. Ha llegado el momento de compartir mi proceso de diez pasos con el mundo, para que otros puedan aprender a transformar sus propias realidades. Es hora de escribir un libro…

PASO DIEZ
Revisa y re-visiona

 A medida que se manifieste tu visión, expándela o clarifica otra nueva, y comienza a aplicarle este proceso de diez pasos.

*El artista no se retira,
es su manera de vivir, de modo que no tiene fin.*

— Henry Moore
Escultor británico (1898–1986)

¿Por qué crean obras de arte los artistas? Porque están hechos para eso, están perfectamente diseñados para hacer ese trabajo. ¡Eso es lo que son!

¿Por qué los artistas de la manifestación creamos nuevas realidades? Porque estamos hechos para eso; ése es el propósito para el que estamos perfectamente diseñados. ¡Eso es quienes somos!

Cuanto más practicamos nuestro arte, más conseguimos plasmar nuestras visiones en el mundo que nos rodea, y más plenos y vivos nos sentimos. Somos más nosotros mismos. Vivimos con un propósito, en el corazón de lo que algunos denominan "La Voluntad de Dios", sintiéndonos uno con el Universo y con las personas que nos rodean.

La persona que comenzó este libro no es la misma que lo está acabando.

He superado desafíos que me alegra no haber conocido cuando me senté frente al ordenador y empecé a escribir. Y he vivido milagros que no podría haber previsto momentos antes de su ocurrencia.

He pasado horas tratando de superar los bloqueos, antes de recordar que debía confiar y rendirme. Y a veces me he quedado sin respiración mientras las palabras fluían desde mí a la página.

He luchado, he triunfado, he profundizado y madurado.

Y lo mismo te ocurrirá a ti a medida que manifiestes tu visión "inicial" y todas las demás visiones que vayas clarificando y manifestando mediante estos pasos.

De hecho, en tus primeras manifestaciones descubrirás que ver tu visión emerger a la realidad sólo es uno de los múltiples dones de este asombroso proceso. Aprenderás que lo que experimentas, y en quién te conviertes, a menudo es mucho más valioso que cualquier visión que puedas manifestar. Como yo, a medida que manifiestes tus sueños, te manifestarás a ti mismo.

Como dijo el doctor Martin Luther King: "Sin visión, el pueblo perece".

A menudo recuerdo sus palabras cuando me encuentro con personas que están pereciendo, ahogándose en la desesperación o en la depresión. No están en apuros por sus circunstancias, están en apuros porque les falta la sustancia espiritual que es vital para su armonía y felicidad, y la de todo ser humano: la visión.

Piensa en esos momentos de tu vida en los que te has sentido aburrido, aletargado o apático. Piensa en esos momentos en los que estabas desilusionado, sin energía o incluso desesperado. No estabas loco ni equivocado en ningún sentido. No eras inadecuado para afrontar los desafíos que tenías por delante. Simplemente estabas pereciendo por *falta de visión*. Estabas intentando vivir sin inspiración. Y *no puedes*. (En cualquier caso, no por mucho tiempo).

Sin duda es muy posible que estuvieses trabajando duro para conseguir ciertos objetivos en el sentido tradicional y agotador de "sólo-merece-la-pena-si-resulta-duro-y-te-desgasta". Pero no estabas trabajando por manifestar una visión importante en asociación con el inmenso poder del Universo.

Este poder inmenso siempre anhela trabajar contigo para crear nuevas experiencias transformadoras para ti y para otros. Cuando conectas con él, los estados no naturales—como el aburrimiento, el letargo, la depresión y la apatía—desaparecen de tu vida. Vives tal como te corresponde vivir, ¡impulsado por la inspiración!

Experimentar inspiración es como sentirse enamorado, porque eso es exactamente lo que es: un precioso romance entre el Universo y tú. Por medio de él, la energía del Universo fluye a través de ti hacia el mundo, creando nuevos acontecimientos, experiencias y realidades para ti y para todos los demás habitantes del planeta.

En el décimo paso empiezas a vivir en la inspiración, en lugar de visitarla ocasionalmente, y después expandes tus visiones y clarificas otras nuevas a medida que se acercan a su manifestación.

Los científicos dicen

¡Cambiar nuestra realidad nos cambia a nosotros!

"*Según las ideas cuánticas, no es únicamente que la materia está compuesta de patrones de ondas de probabilidad, sino que dichos patrones no están aislados... el sujeto, mientras investiga el objeto, cambia la realidad, cambia el estado del objeto. Y ningún cambio en la naturaleza es jamás unilateral. Este proceso también cambia al sujeto. Es imposible considerar al sujeto y al objeto como sistemas separados. Están interconectados*".

— Amit Goswami, PhD
The Cosmic Dancers: Exploring the Physics of Science Fiction

Hazlo más grande y más atrevido... ¡o rehazlo de nuevo!

Los Maestros Manifestadores sueñan constantemente sueños más grandes y atrevidos que los anteriores.

Impregnan sus sueños de intención, una voluntad concreta de dedicar su energía a manifestarlos. De este modo, convierten cada uno de sus sueños en algo mucho más útil, algo con el potencial de transformar la realidad tal como la conocemos: una visión clarificada.

Cuando han avanzado en el camino de una nueva manifestación, empiezan a hacer planes, a visualizar los resultados que desean y a emprender acciones. Irradian la alegría singular del propósito. Están haciendo su tarea, fijos en su diana y en su misión. Su inevitable felicidad afecta a las personas que les rodean.

Cuando tu visión esté cerca de manifestarse completamente, pregúntate:

- ¿Cómo puedo agrandarla?
- ¿Cómo puedo mejorarla?

Paso Diez | Revisa y re-visiona

- ¿Cómo puedo hacerla más atrevida?
- ¿Cómo puedo usarla para hacer un mayor servicio a los demás?

Si descubres respuestas inspiradoras para estas preguntas, revisa tu visión y reformúlala: hazla más grande, mejor y más atrevida. Conviértela en algo que pueda hacer un mayor servicio. Después vuelve a los primeros pasos de este proceso de manifestación y crea un nuevo escrito de la visión o revisa el que ya tienes para que refleje tus nuevos objetivos. Haz lo mismo con tu collage y con tu plan.

Si, por otra parte, no te vienen a la imaginación respuestas inspiradas para estas preguntas, es hora de volver a la visión. Es hora de que conectes con un nuevo sueño de tu propio corazón, del corazón de Dios y del corazón de la humanidad; es hora de crear una visión completamente nueva.

Cuando la tengas, vuelve al primer paso y aplica a tu visión todos los pasos (aunque te sientas tentado de saltarte uno o dos). Aplícale todo este proceso, animado y motivado por los milagros y cambios de realidad instantáneos que has experimentado hasta ahora en tu camino de manifestación.

Conforme lo hagas, te sorprenderá cuánto has cambiado por el simple hecho de llevar tu visión a través de todos los pasos. Descubrirás que eres una persona nueva. Descubrirás que eres una persona con más claridad, fe, madurez espiritual y competencia emocional de lo que eras antes de empezar.

Y este nuevo "tú" brillará a través de tu nueva visión.

Conforme la nueva realidad de Matisse se ha manifestado plenamente, he revisado mi visión y la he re-visionado, basándome en lo que hemos experimentado en nuestras vidas a lo largo de este proceso.

Como comparto al principio del capítulo, clarifiqué mi visión para este libro porque es parte importante del décimo paso de la manifestación de Matisse. Pero fui más allá e involucré a mi hijo, con mi ayuda, en la manifestación de una nueva visión de sí mismo.

Matisse sigue siendo bastante pequeño para su edad. Hasta hace poco, se sentía feliz con su tamaño. De hecho, durante algún tiempo Matisse anunció frecuentemente y con toda claridad su intención de ser pequeño a quien quisiera escucharle.

"Quiero ser el pequeño, pequeño Matisse" me dijo con gran convicción en más de una ocasión. (Cuando su padre le preguntó por qué quería ser pequeño, él dijo que le encantaba que la gente dijera que era "guapo y adorable").

Pero, últimamente, se ha vuelto importante para él tener el mismo tamaño que los niños de su edad. "¡Estoy preparado para ser un niño grande!", me dijo hace unos meses. De modo que me senté al ordenador con él y le ayudé a clarificar su visión:

"¡MATISSE ES UN NIÑO GRANDE!"
"¡MATISSE ES UN NIÑO GRANDE!"
"¡MATISSE ES UN NIÑO GRANDE!"

Él tecleó las palabras en un documento Word, eligiendo las letras tecla a tecla por sí solo. Después fue a Google Images y eligió imágenes para el collage "Matisse es un niño grande".

Hicimos juntos el collage e imprimimos varias copias. Después pegó una en el techo de su litera, otra en su baño y otra en la puerta de su habitación.

No puedo informar sobre esta manifestación puesto que aún está en marcha, ¡pero espero mucho de ella!

Clarifica tus visiones para cada área de tu vida

Tu vida es mucho más grande y profunda que cualquier manifestación puntual. ¿Por qué dejar que alguna parte de ella perezca por falta de visión?

A medida que creces en tus habilidades, haciendo que se conviertan en una forma de vida, clarifica tus visiones para cada una de las ocho áreas básicas de una vida humana equilibrada:

- Tu salud general y tu estado de forma física.
- Tu vida religiosa y espiritual.
- Tu relación sexual-romántica.
- Tus relaciones con familiares y amigos.
- Tu formación y tu profesión.
- Tus aficiones y vocaciones.
- Tu bienestar psicológico y emocional.
- Tu servicio a los demás y al mundo en general.

Es posible que esto te parezca muy exigente, pero cuando hayas realizado este proceso con varias visiones, estarás más que preparado para afrontar el desafío. Querrás asegurarte de que tu energía de manifestación está operando conscientemente en cada aspecto de tu vida.

¿Deprimido o desinflado? ¡Conecta con la visión!

Cuando una parte de tu vida parezca aburrida o sin interés, dedícate a clarificar una visión que requiera un salto de fe y que te inspire a darlo.

El año pasado, mis empleados y yo empezamos a perder el entusiasmo cuando vimos que estábamos a punto de manifestar plenamente una visión que habíamos clarificado juntos mediante este proceso. Unas pocas palabras de mi "coach" (asesor personal) bastaron para tomar conciencia de lo que estaba ocurriendo:

—Todo el mundo parece arrastrar un poco los pies —le dije—. No sé por qué. Cuidamos muy bien de nuestros pacientes, estamos en buena forma a nivel económico y todo va mejor de lo que habíamos planeado. Pero en la consulta ya no es tan divertido como antes.

Mike me preguntó:

—Bueno, ¿cuánto tiempo hace que no habéis formulado una nueva visión?

Le expliqué que estábamos sólo a un paso de manifestar la visión de la que le había venido hablando a lo largo de los últimos meses.

—Michelle, eso es. ¡Necesitas una nueva visión!—exclamó—. A propósito, ¡tu misma me enseñaste eso en tu seminario!

¡Vaya llamada a despertar!

Juntos, mi personal y yo revisamos nuestra visión casi plenamente manifestada hasta que se convirtió en una nueva visión, que nos exigía un gran salto de fe y generar más creatividad. Al instante, la energía de la consulta pasó del letargo a la activación, de la falta de motivación a la inspiración.

Esta historia sirve para indicarte que incluso alguien cuya vida personal y profesional gira en torno a este proceso puede perder el rumbo en medio del ajetreo de la vida moderna. Resulta fácil perder de vista los árboles de la visión en medio de los bosques de la manifestación.

Tómate tiempo para el retiro y la reflexión

Cada mes o dos, reserva unas horas para retirarte y reflexionar sobre tu vida, tus misiones y tus manifestaciones. Y cuando la intuición (la voz del Espíritu) te llame, estate dispuesto a retirarte por periodos aún más largos: fines de semana, semanas o incluso meses.

Apaga la radio y la televisión y relájate en una conversación cómoda con dos amigos amables que no te plantean exigencias: el silencio y la serenidad. Pon un cartel "No molestar" en la puerta de tu vida, e incluso en la puerta de tu casa, si esto te ayuda a crearte un "capullo" seguro y sereno.

Dedica tiempo a leer textos espirituales, a escuchar música que te conmueva, a rezar y meditar. Llena páginas de tu diario, medita más tiempo y estudia las obras que vienen en la sección *Recursos Recomendados* en la parte posterior de este libro, o explora nuevas enseñanzas para el crecimiento espiritual. Y, sobre todo, dedica tiempo a no hacer nada en absoluto, a simplemente ser.

Desconecta de lo familiar para conectar con lo no-familiar, y abre tu mente y espíritu a nuevas posibilidades que no pueden captar tu atención cuando estás dedicado a vivir tu "vida como siempre".

Antes de empezar a escribir *Creando a Matisse*, durante varios meses pasé la mayoría de mis noches y fines de semana en retiro. Me creé un "capullo" alejado de mi vida normal y de las exigencias sociales. Hice todas las cosas que te he pedido que hagas en los párrafos anteriores y simplemente me relajé.

Abandoné mi vida social, dejé de ver amigos y pasé el tiempo únicamente con mi familia, mi personal y mis clientes (durante las horas laborales). Pasé muchas horas en meditación profunda, en visualizaciones exploratorias y en reflexiones, registrando mis descubrimientos y escribiendo en mi diario. Cuando la gente llamaba para invitarme a salir o acudir a un evento, declinaba educadamente. Me quedé en casa y pasé en soledad todo el tiempo que pude.

Mi retirada era tan notoria que mi.marido, mucho menos social que yo, empezó a aburrirse y a preocuparse por mí. Empezó a hacer planes interesantes para nosotros (¡un hermoso cambio!) y trató de animarme a participar en ellos. Por más tentadores que resultaban, sabía intuitivamente que estaba en una fase importante de mi vida, de modo que seguí declinando las invitaciones.

—No te preocupes—le dije. Me estoy reinventando a mí misma. Pronto surgirá una hermosa mariposa.

Exactamente tres meses después del comienzo de mi retiro, acabó la sensación de que debía estar retirada. Me sentí preparada para volver a mi vida, y lo hice. Al reconectar con mis amigos, empecé a retomar los cabos sueltos que había dejado a un lado delicadamente y reconocí que era una persona cambiada. Había evolucionado hasta un nuevo nivel de conciencia en mi vida, y tenía un mensaje claramente definido que compartir con los demás.

Una noche me senté delante del ordenador y los perfiles de este libro fueron surgiendo de mí. Ocurrió sin esfuerzo, pero no por casualidad. Había desconectado de lo que me era familiar para que algo que no me era familiar, una nueva visión emocionante, pudiera emerger en mi conciencia creativa.

Sé mentor de otras personas y asóciate con otros en este proceso

¿Estás interesado en acelerar tus manifestaciones todavía más? ¡Comparte lo aprendido en este programa con otras personas! Todo lo que hagas como mentor (y como socio) para educar a Maestros Manifestadores, además de darte mucha energía de manifestación, impulsará hacia delante tu propio proceso. Como dice uno de mis clientes: "¡Tienes que compartirlo para conservarlo!"

Estos son algunos ejemplos de cuál es camino a seguir cómo socio y mentor:

- Paso Uno: Siéntate con un amigo y ayúdale a clarificar su visión.
- Paso Dos: Comprueba el escrito de la visión de un amigo para ver si hay omisiones o conflictos.
- Paso Tres: Ayuda a alguien que sea "virgen" en el arte de crear collages a elaborar su primera obra maestra.
- Paso Cuatro: Supervisa a una persona patológicamente desorganizada ofreciéndole una sesión para planificar su manifestación.
- Paso Cinco: Ofrece una tarde a una causa digna que necesite ayuda en este quinto paso de limpiar y despejar.
- Paso Seis: Dirige una meditación para un grupo de personas que compartan una visión.
- Paso Siete: Haz que le siga una sesión de visualización y una oración de agradecimiento.
- Paso Ocho: Busca a un amigo para compartir afirmaciones y telefonearos mutuamente para deciros cosas como: "¡Eres un director genial!"
- Paso Nueve: Compra a un amigo, a un empleado o a un extraño un libro, CD o película que fomente su fe.

Paso Diez: Únete a otros para clarificar visiones grupales o globales, como un planeta limpio y saludable.

O, en un sentido más amplio…

- Compra este libro a un padre (madre) soltero/a necesitado/a.
- Únete a nuestros foros en www.CreandoMatisse.com y apoya a otros en este proceso.
- Celebra una fiesta de los Diez Pasos, donde tú y tus amigos o colaboradores tracéis un camino empleando este sistema a lo largo de una noche o fin de semana.

Mejora tu vida con "mini-manifestaciones"

Sí, puedes usar este proceso para generar riqueza, negocios, matrimonios, nuevas profesiones, discos de éxito, presupuestos de películas y otros mil mega-resultados.

Pero también puedes usarlo para manifestar cosas pequeñas a lo largo del día, cada día. No siempre querrás, ni necesitarás, aplicar sistemáticamente cada uno de los pasos a estas "mini-manifestaciones". Aún así, si aplicas las habilidades básicas a apoyar cada paso que das, verás que tu vida mejora de manera asombrosa.

La historia siguiente ilustra mi punto estupendamente:

Hace algún tiempo, una amiga mía se encontró en un atasco de tráfico aparentemente irresoluble. Tomó una salida de la autovía y descubrió que el camino que quería seguir estaba totalmente bloqueado por unas obras.

Como era hora punta, los coches pasaban a su lado a toda velocidad, impidiéndole cruzar al otro carril. En unos segundos otro coche se puso detrás de ella y empezó a tocar la bocina pidiendo paso.

Ella gesticuló al conductor que tenía detrás para informarle que no tenía dónde ir, apuntando dramáticamente a las obras. Él asomó la cabeza, vio que la carretera estaba cortada y dejó de tocar la bocina, pero levantó las manos indicando que él tampoco sabía qué hacer. Mi amiga sintió que se le hundía el corazón al comprobar que se formaba toda una línea de coches detrás de ella. Pasaron un minuto o dos y no se abría ningún hueco en el tráfico.

Ansiosa, rezó a Dios: "Dios, ¡por favor ayúdame a salir de aquí!" Inmediatamente le llegó este pensamiento: "¡Tal vez pueda manifestar una solución!" Dejó inmediatamente de imaginar escenarios horribles, y de mover la cabeza adelante y atrás con la esperanza de ver un hueco en el tráfico. Se relajó, tomó una respiración profunda y limpiadora, y dijo confiadamente: "Dios, sé que quieres ayudarme. Estoy preparada para que surja la solución. La carretera se despejará para nosotros. Entraremos en el siguiente carril fácilmente y seguiremos nuestro camino tranquilamente".

Se sintió agradecida de que éste no fuera un problema terrible, sino simplemente urgente. Visualizó que el tráfico se abría inmediatamente a su izquierda para poder cambiar de carril con facilidad. Dio las gracias a Dios y al Universo por la llegada de la solución, tal como la había visualizado o de cualquier otra manera, e hizo todo esto en el espacio de unos pocos segundos.

Después, tranquilamente, se dio la vuelta y miró al tráfico a su izquierda. En ese momento pasaba a su lado un último coche y se abría un espacio de cientos de metros (una "imposibilidad" en hora punta). Pasó tranquilamente al otro carril y siguió su camino, seguida por los demás coches que se habían quedado atascados detrás de ella. Posteriormente ese mismo día llamó a varios amigos para compartir la historia.

Como ves, mi amiga clarificó su visión (Paso Uno). Imaginó lo que quería y lo dijo claramente (Paso Dos). Imaginó que el tráfico se interrumpía (Paso Tres y Paso Siete). Actuó al comprobar el tráfico (Paso Cuatro). Dejó espacio en su mente para la manifestación y soltó los pensamientos ansiosos (Paso Cinco). Después conectó con su espíritu tomando una respiración profunda, rezando y concentrándose (Paso Seis). Conectó conscientemente con la Inteligencia

Paso Diez | Revisa y re-visiona

Universal mediante la gratitud y la visualización (Paso Siete). Despejó los bloqueos emocionales diciéndose a sí misma que su Fuente, Dios tal como ella la entendía, quería ayudarle (Paso Ocho). Confió y se rindió al aceptar que la solución podría venir de un modo diferente al que había visualizado (Paso Nueve). Finalmente, compartió la historia con sus amigos, usando este proceso de manifestación para inspirarlos en los suyos (Paso Diez). Como ves, en 2 o 3 minutos aplicó todos los pasos.

Ahora, antes de decidir que siempre vas a poder aplicar los pasos de esta manera "rápida y acelerada" a las manifestaciones importantes para ahorrarte tiempo y esfuerzo, toma en consideración estos tres hechos:

- Ésta fue una manifestación relativamente pequeña. (Probablemente no requirió mucha fe o energía de manifestación por parte de mi amiga, que es una Maestra Manifestadora en ciernes).

- La aplicación reducida de los pasos puede comunicar al Universo que el deseo de manifestación no es muy apremiante. (Una cosa es hacer un trabajo rápido si no tienes elección, y otra cosa muy distinta es hacer un trabajo apresurado cuando estás pidiendo al Universo que se produzca un cambio de realidad significativo. Esto dice mucho de hasta qué punto quieres que se manifieste tu visión).

- Probablemente había varios manifestadores trabajando el problema con ella. (Es probable que al menos algunas de las personas atrapadas en el tráfico también estuvieran visualizando que se despejaba el tráfico).

Usa los pasos de esta manera informal para hacer que tu vida vaya un poco más suave y los resultados te impresionarán.

Observa cómo los pasos se convierten en parte natural de tu vida

Después de completar todo este proceso con tus primeras visiones, los pasos se fundirán en una totalidad unificada. No necesitarás pensar cómo aplicar cada paso individual. Simplemente lo harás. Aplicarás el sistema a cada nueva visión. Y, con el tiempo, todo el proceso se expandirá y cambiará, junto contigo.

Innovación quiropráctica, radio y televisión... sólo para principiantes

Después de que el Dr. B.J. Palmer tomara las riendas de la primera escuela quiropráctica del mundo en 1906 y la viera convertirse en una institución internacional, podría haberse relajado y disfrutado las recompensas financieras y los elogios que le llegaban. Podría haber dejado de escribir y publicar varios libros al año, definiendo y redefiniendo los métodos que él y su padre exploraron.

En vez de comprar la primera estación de radio al oeste del Mississippi y convertirse en un pionero de la técnica y la programación, podría haber tomado el camino fácil y continuar haciendo lo que mejor sabía: curar. En sus últimos años podía haber decidido que era demasiado mayor para implicarse en otra empresa teledifusión (término que él acuñó), en vez de convertirse un emprendedor y visionario de la televisión.

En vez de eso, el Dr. Palmer vivió una vida llevada a su máximo potencial: como un auténtico Maestro Manifestador, siempre en el proceso de transformar la realidad de formas radicales. El dejó un legado de curación, innovación y avances tecnológicos que impacta en las vidas miles de millones de personas en el planeta.

Resumen

Para vivir una vida impulsada por la inspiración y el entusiasmo del décimo paso, revisa las visiones que estás manifestando, hazlas más grandes, mejores, más atrevidas o de mayor servicio a ti mismo y a los demás. O déjalas de lado y vuelve a visionar: crea y clarifica nuevas visiones, pasándolas por cada uno de los pasos de este proceso de manifestación. ◆ Cuando hayas completado con éxito varias manifestaciones, asegúrate de tener siempre una visión en marcha (¡una obra maestra en proceso!), en cada una de las ocho áreas básicas de una vida humana equilibrada. ◆ Cuando notes que estás empezando a perecer por falta de visión en cualquier área de tu vida, revisa tu visión para dicha área de modo que requiera un nuevo salto de fe, o clarifica una visión completamente nueva para ella. ◆ Reserva tiempo regularmente para el retiro y la reflexión, y responde a las invitaciones del Universo para alejarte de lo familiar y abrirte a lo no familiar ◆ Asóciate con otros y sé su mentor mientras crecen en este proceso; y haz que tu vida vaya más rodada (¡mientras acumulas fe!) a través de las "mini manifestaciones".

Ahora, si has acabado el décimo paso, ¡felicidades! ¡Estás avanzando en tu camino de convertirte en un Maestro Manifestador! Espero que abras de vez en cuando este libro para hacer un "cursillo de refresco": todo artista practica ocasionalmente las técnicas más básicas de su disciplina.

Y no te detengas aquí. (¡Ya te he dicho esto antes!). Usa la sección de *Recursos recomendados* para seguir desarrollando tus habilidades en cada área de este proceso, explora otras enseñanzas y programas que puedan llevarte al nivel superior en cada serie de habilidades.

Querido compañero y co-creador consciente, me siento muy feliz y honrada de que te hayas unido a mí en este viaje asombroso. Por favor, comparte tu historia conmigo cuando se manifieste tu primera visión. Me encantará saber de ti.

Si aún no lo has hecho, visita www.CreandoMatisse.com y únete a nuestra nueva comunidad. ¡Tengo muchas ganas de verte en línea!

*El artista cominenza con una visión—
una operación creativa requiere un esfuerzo.
Hay que ser valiente para la creatividad.*

— Henri Matisse
Artista francés, auténtico explorador creativo y
Maestro Manifestador (1869–1954)

Conclusión:

¡Manifestar un nuevo mundo!

Ahora, si has asumido el reto y has puesto a prueba este proceso de manifestación durante al menos noventa días, estarás viviendo una vida diferente de la que habías vivido antes. Tu visión se habrá manifestado o estará *muy avanzada en su camino* de manifestación. Es posible que ya estés aplicando este proceso a dos o tres nuevas visiones. Podrías estar clarificando visiones en todas las áreas de tu vida. Tal vez estés contactando con otras personas para echarles una mano en sus procesos de manifestación. Pero, aunque tu realidad haya cambiado muy poco (¡todavía!), tú has cambiado profundamente.

Sin duda, al recorrer estos pasos por primera vez habrás afrontado retos y habrás tenido dudas. Te habrás saltado unas cuantas visualizaciones o meditaciones y te habrás aferrado demasiado a tus propias ideas sobre cómo manifestar tu visión. Pero, cada vez que has aplicado un paso, has progresado. Cada vez que has visto que estabas desviándote del camino, tus habilidades se han afilado y fortalecido. Y ahora ves los resultados en tu vida: estás convirtiéndote en un Maestro Manifestador.

Recuerda estos días y semanas, porque pronto tu vida será muy diferente, tú serás muy diferente, y la vida que ahora vives te parece como un sueño. (Es decir, si has continuado practicando estos pasos tal como los he compartido contigo, explorándolos y expandiéndolos por tu cuenta). Serás un Maestro Manifestador. Clarificarás muchas, muchas visiones, y trabajarás en asociación con el Universo para convertirlas en realidad. Y a medida que la capacidad de manifestar cosas en tu vida se convierta casi en una segunda naturaleza, probablemente querrás hacer más cosas por los demás.

A lo largo de los meses y años siguientes, probablemente querrás usar tus habilidades para clarificar y manifestar visiones para los miembros de tu familia, tus amigos y conocidos. Probablemente también querrás usar este proceso para ayudar a gente que no conoces personalmente, pero cuyas necesidades llaman tu atención de una manera u otra. (Tal vez oigas hablar de ellos en las noticias, en una conversación con un amigo, o en un encuentro casual).

Puedes sentirte absolutamente cómodo compartiendo tus capacidades, pues has de saber que todas las energías amorosas que inviertas en este proceso sólo pueden ayudarles, y ciertamente no les causarán ningún daño.

Cuanto más des de tus talentos de artista de la manifestación, más amor y más visiones para el bien de toda la Tierra surgirán en ti y captarán tu imaginación. ¡Y ésta es una buena noticia!

Puedes usar tu proceso de manifestación para que se produzcan grandes cambios en positivo en la totalidad del planeta. Uniéndote a otras personas, cercanas y lejanas, conocidas y desconocidas, puedes ayudar a manifestar cosas como:

- Distribuciones de alimentos a las personas hambrientas de todos los rincones del mundo.
- Paz para las zonas en guerra y las áreas amenazadas por la violencia.
- Protección y cuidado para los niños abusados o desatendidos.
- Protección, restauración y responsabilidad por el medio ambiente.
- Agua limpia para todos los habitantes de la Tierra.

Y muchas otras hermosas realidades para la humanidad y nuestro rincón del cosmos.

El Universo ama y sustenta la vida en todos sus aspectos, y tú también lo haces cuando vives tu propósito superior. Cuando compartes tu tiempo, atención y energía con otros de manera inspirada (no por presión o culpabilidad, sino porque tu corazón se siente motivado a dar), siempre recibes mucho más de vuelta. Cuanto más desinteresado sea tu compartir, más compartirá contigo el Universo.

Las personas a las que les encanta dar dinero a obras de caridad siempre tienen más dinero del que necesitan, y raras veces experimentan inseguridad económica. Resulta fácil decir: "¡Bueno, dan porque pueden permitírselo!", pero la mayoría de ellos tuvieron que hacer un salto de fe para dar más de una vez. Tuvieron que compartir sus recursos cuando les resultaba incómodo, e incluso un poco atemorizante, antes de que se abriera el flujo de la abundancia económica en sus vidas.

Las personas muy ocupadas que se ofrecen voluntarias para causas que merecen la pena con un deseo genuino de servir, siempre parecen hacer más con menos esfuerzo en las horas restantes (¡y también parecen disfrutarlas más!) que los que dicen: "Me encantaría ayudar, pero no tengo tiempo".

Asimismo, las personas que se sienten obligadas internamente a ofrecer su energía para ayudar a los ancianos o a personas necesitadas, siempre tienen más de lo que necesitan para manifestar sus visiones. Las personas que saben escuchar siempre tienen a alguien al lado cuando ellos mismos necesitan expresarse. Y las personas que siempre expresan un amor honesto y verdadero al mundo a través de sus palabras y acciones reciben tanto amor de vuelta que se sienten transportadas.

Cuando servimos a otros, nos abrimos a sincronicidades y oportunidades que de otro modo nos pasarían por alto. Una compañera mía es miembro de una organización de ayuda, y me ha dicho que a lo largo de los años ha oído cientos de "historias milagrosas" de otros voluntarios, y ella misma también tiene muchas historias que atribuye a su trabajo de servicio.

Empieza a servir a otros hoy mismo de una manera nueva. Empieza a dar lo que deseas recibir. ¡Empieza a dar, punto! Al principio, tus motivos pueden ser parcialmente egoístas, pero ese egoísmo desaparecerá antes de que te des cuenta. Pronto te importarán menos los beneficios que tus actos puedan generar. (¡Aunque te los seguirá reportando!). Y sentirás la alegría que sólo el servicio te puede reportar, ¡además de recibir cada vez más de lo que hayas compartido, en *abundancia!*

No cabe duda que manifestar dinero y posesiones es motivador y satisfactorio. Manifestar un compañero guapo y sexy, o un cuerpo precioso puede ser muy placentero y excitante. Manifestar un nuevo negocio, el papel de tu vida, un álbum de platino o un nuevo invento puede ser *electrificante*. Estas visiones y otras parecidas nos capacitan para cuidar bien de nosotros mismos y de los demás. Nos permiten vivir algunos de los sueños que atesoramos, nos permiten dar el máximo de nuestros dones y talentos, e incluso contribuyen de manera significativa al bien social. Pero están muy lejos de ser la totalidad del cuadro.

Usando nuestras capacidades de manifestación, tú y yo, juntos, tenemos la oportunidad de reemplazar el hambre, la pobreza y la desesperación, por la accesibilidad al alimento, la prosperidad y la alegría en todo el planeta. Tenemos la capacidad de llevar paz a la Tierra y agua limpia a las personas de todas las naciones. Tenemos la capacidad de invertir el calentamiento global y de limpiar nuestros cielos y aguas de contaminación. Podemos manifestar un Nuevo Mundo.

¡Hagámoslo juntos!

Los diez pasos de un "vistazo"

Paso Uno
Clarifica una visión

Identifica lo que quieres manifestar tan claramente que puedas expresarlo en una frase.

Paso Dos
Escribe la visión

Escribe una descripción vívida de tu vida y del mundo tal como serán cuando se haya manifestado tu visión, y después lee el escrito una vez por semana.

Paso Tres
Crea un collage de la visión

Combina imágenes inspiradoras que representen tu visión componiendo un collage, y después míralo al menos una vez al día.

Paso Cuatro
Desarrolla un plan de manifestación y ponte en acción

Haz una tormenta de ideas relacionada con tu visión y planea un curso de acción; después progresa diariamente de manera práctica hacia la manifestación.

Paso Cinco
Despeja espacio en tu mente y en tu vida

Crea espacio físico y mental para tu visión gestionando con decisión las tareas y actividades a medida que surjan, despejando tu vida y diseñando sistemas de apoyo.

Paso Seis
Conecta con tu espíritu

Medita al menos 5-10 minutos cada mañana y cada tarde, y ve aumentando hasta dedicar 20 minutos por sesión.

Paso Siete
Conecta conscientemente con la Inteligencia Universal

Alinéate mediante la gratitud y la visualización con el orden que hace funcionar y que supervisa toda la realidad.

Paso Ocho
Retirar los bloqueos emocionales

Despeja una ruta emocional para tu manifestación actual y todas las que vendrán mediante el uso de afirmaciones, el reencuadre y terapias probadamente eficaces, comprendiendo que éste es el trabajo de toda una vida.

Paso Nueve
Acumular fe y rendirse

Ten confianza en el Universo y en tu proceso de manifestación, después no estés pendiente del resultado y observa tu visión emerger en alineamiento con el Plan Último.

Paso Diez
Revisa y re-visiona

A medida que se manifieste tu visión, expándela o clarifica otra nueva, y comienza a aplicarle este proceso de diez pasos.

Recursos Recomendados

Te animo a que aproveches los recursos disponibles para el Paso Uno hasta el Paso Diez en www.CreandoMatisse.com, www.ManifestingMatisse.com, o www.MasterManifestor.com.

A continuación te recomiendo algunos enlaces de paginas web y recursos muy interesantes, que te ayudarán a convertirte en un Maestro Manifestador. Lamentablemente, como la versión original de este libro está escrito en inglés la mayoría de estos sitios también lo están y aun no tienen traducción al castellano; por lo que, si eres bilingüe no dudes en visitarlas.

Paso Uno
Clarifica una visión

The Artist's Way: A Spiritual Path to Higher Creativity. Julia Cameron.

Ask and It Is Given: Learning to Manifest Your Desires. Esther Hicks and Jerry Hicks.

Callings: Finding and Following an Authentic Life. Gregg Levoy.

Creating the Work You Love: Courage, Commitment, and Career. Rick Jarow.

The Highest Goal: The Secret That Sustains You in Every Moment. Michael Ray.

The Mindful Brain: Reflection and Attunement in the Cultivation of Well-Being. Daniel J. Siegel.

The Power of Intention: Learning to Co-create Your World Your Way. Wayne W. Dyer.

The Secret (libro y película). Rhonda Byrne.

The Self-Aware Universe: How Consciousness Creates the Material World. Amit Goswami.

Smart Choices: A Practical Guide to Making Better Life Decisions.
John S. Hammond, Ralph L. Keeney, and Howard Raiffa.

Three Cups of Tea: One Man's Mission to Promote Peace...One School at a Time.
Greg Mortenson and David Oliver Relin.

What Are Your Goals: Powerful Questions to Discover What You Want Out of Life.
Gary Ryan Blair.

Paso Dos
Escribe la visión

Ask and It Is Given: Learning to Manifest Your Desires.
Esther Hicks and Jerry Hicks.

The Field: The Quest for the Secret Force of the Universe. Lynne McTaggart.

The Holographic Universe. Michael Talbot.

Law of Attraction: The Science of Attracting More of What You Want and Less of What You Don't. Michael J. Losier.

The Quantum Brain: The Search for Freedom and the Next Generation of Man.
Jeffrey Satinover.

Taking the Quantum Leap: The New Physics for Non-scientists. Fred Alan Wolf.

The Tao of Physics: An Exploration of the Parallels between Modern Physics and Eastern Mysticism. Fritjof Capra.

The Universe Is a Green Dragon: A Cosmic Creation Story. Brian Swimme.

The Visionary Window: A Quantum Physicist's Guide to Enlightenment.
Amit Goswami.

What the Bleep Do We Know!? Discovering the Endless Possibilities for Altering Your Everyday Reality (libro y película).
William Arntz, Betsy Chasse, and Mark Vicente.

Paso Tres
Crea un collage de la visión

A Beginner's Guide to Creating Reality: An Introduction to Ramtha and His Teachings. Ramtha.

Collage for the Soul: Expressing Hopes and Dreams Through Art.
Holly Harrison and Paula Grasdal.

Creative Collage Techniques. Nita Leland and Virginia Lee Williams.

The Dancing Wu Li Masters: An Overview of the New Physics. Gary Zukav.

www.dreamstime.com (banco de imágenes de reserva libres de derechos de autor; para asegurarte de que no infringes ninguna ley de propiedad intellectual, usa estas imágenes solo para verlas personalmente).

www.images.google.com (para asegurarte de que no infringes ninguna ley de propieda intellectual, usa estas imagines solo para verlas personalmente).

Quantum Success: The Astounding Science of Wealth and Happiness. Sandra Anne Taylor.

The Spiritual Universe: One Physicist's Vision of Spirit, Soul, Matter, and Self. Fred Alan Wolf.

The Universe and Multiple Reality: A Physical Explanation for Manifesting, Magick and Miracles. M. R. Franks.

Visioning: Ten Steps to Designing the Life of Your Dreams. Lucia Capacchione.

Why It Works: The Science Behind Manifesting Everything You Desire. Deborah Baker-Receniello.

Paso Cuatro
Desarrolla un plan de manifestación y ponte en acción

Evolve Your Brain: The Science of Changing Your Mind. Joe Dispenza.

www.franklincovey.com (sistemas de planificación en papel y electrónicos).

www.freemind.sourceforge.net (programa informático gratuito de mapeo de la mente).

Getting Things Done: The Art of Stress-Free Productivity. David Allen.

www.joesgoals.com (programa informático de seguimiento de objetivos).

The Mind-Mapping Manifesto (libro electrónico). Chuck Frey.

www.mindmeister.com (programa informático de mapeo de la mente).

www.mygoals.com (herramientas de fijación y gestión de los objetivos).

The 7 Habits of Highly Effective People: Powerful Lessons in Personal Change. Stephen R. Covey.

Paso Cinco
Despeja espacio en tu mente y en tu vida

Does This Clutter Make My Butt Look Fat? An Easy Plan for Losing Weight and Living More. Peter Walsh.

Eliminate Chaos: The 10-Step Process to Organize Your Home & Life. Laura Leist.

The 4-Hour Workweek: Escape 9–5, Live Anywhere, and Join the New Rich. Timothy Ferriss.

The New Brain: How the Modern Age is Rewiring Your Mind. Richard Restak.

The Organization Map: A Battle Plan for Defeating Clutter and Disorganization— Step by Step and Room by Room. Pam McClellan.

Organizing for Life: Declutter Your Mind to Declutter Your World. Sandra Felton.

Organizing from the Right Side of the Brain: A Creative Approach to Getting Organized. Lee Silber.

Simplify Your Work Life: Ways to Change the Way You Work So You Have More Time to Live. Elaine St. James.

Train Your Mind, Change Your Brain: How a New Science Reveals Our Extraordinary Potential to Transform Ourselves. Sharon Begley.

The 25 Best Time Management Tools & Techniques: How to Get More Done Without Driving Yourself Crazy. Pamela Dodd and Doug Sundheim.

Weekend Makeover: Take Your Home from Messy to Magnificent in Only 48 Hours! Don Aslett.

Where to Draw the Line: How to Set Healthy Boundaries Every Day. Anne Katherine.

Paso Seis
Conecta con tu espíritu

After the Ecstasy, the Laundry: How the Heart Grows Wise on the Spiritual Path. Jack Kornfield.

Buddhism for Mothers: A Calm Approach to Caring for Yourself and Your Children. Sarah Napthali.

8 Minute Meditation: Quiet Your Mind. Change Your Life. Victor Davich.

Guided Meditations for Calmness, Awareness, and Love (CD). Bodhipaksa.

Meditating with Mandalas: 52 New Mandalas to Help You Grow in Peace and Awareness. David Fontana.

Meditation Made Easy. Lorin Roche.

Opening to Meditation: A Gentle, Guided Approach (conjunto de libro y CD). Diana Lang.

The Soul of Healing Meditations (CD). Deepak Chopra.

www.wildmind.org (cursos de meditación on-line).

Will Yoga & Meditation Really Change My Life: Personal Stories from 25 of North America's Leading Teachers. Edited by Stephen Cope.

Paso Siete
Conecta conscientemente con la Inteligencia Universal

Creating Reality: A Beginners Guide to Life Energy. Marie Cunningham.

Creative Visualization for Beginners: Achieve Your Goals & Make Your Dreams Come True. Richard Webster.

Creative Visualization: Use the Power of Your Imagination to Create What You Want in Your Life. Shakti Gawain.

Entangled Minds: Extrasensory Experiences in a Quantum Reality. Dean Radin.

Gratitude. Compiled by Steve Potter and Jenica Wilkie. Edited by Dan Zadra.

Healing Visualizations: Creating Health Through Imagery. Gerald Epstein.

José Silva's UltraMind ESP System: Think Your Way to Success. Ed Bernd, Jr.

Manifesting with the Angels: Allowing Heaven to Help You While You Fulfill Your Life's Purpose (CD). Doreen Virtue.

The Portable Jung. Carl Jung. Edited by Joseph Campbell.

www.silvaultramindsystem.com (Sistema Silva Ultra-Mind).

Visualization: Directing the Movies of Your Mind; To Improve Your Health, Expand Your Mind, and Achieve Your Life Goals. Adelaide Bry with Marjorie Bair.

Words of Gratitude for Mind, Body, and Soul. Robert A. Emmons and Joanna Hill.

Paso Ocho
Retirar los bloqueos emocionales

Adversity to Success! 25 Optimistic People Who Overcame. Ron Graves and Ron Palermo.

Count Your Blessings: The Healing Power of Gratitude and Love. John F. Demartini.

www.emofree.com (entrenamiento de TLE).

Evolve Your Brain: The Science of Changing Your Mind. Joe Dispenza.

Healing Depression: A Holistic Guide. Catherine Carrigan.

How to Be Your Own Therapist: A Step-by-Step Guide to Taking Back Your Life. Patricia Farrell.

Molecules of Emotion: The Science Behind Mind-Body Medicine. Candace Pert.

Question Your Thinking, Change The World: Quotations from Byron Katie. Edited by Stephen Mitchell.

The Spontaneous Fulfillment of Desire: Harnessing the Infinite Power of Coincidence. Deepak Chopra.

www.tapping.com (videos y consejos sobre Tapping; una técnica de TLE).

www.12step.org (adicción y ayuda relative a la adicción).

What to Say When You Talk to Yourself: Powerful New Techniques to Program Your Potential for Success! Shad Helmstetter.

You Can Feel Good Again: Commonsense Strategies for Releasing Unhappiness and Changing Your Life. Richard Carlson.

You Can Heal Your Life. Louise L. Hay.

Paso Nueve
Acumular fe y rendirse

The Amazing Power of Deliberate Intent: Living the Art of Allowing. Esther Hicks and Jerry Hicks.

Bhagavad Gita: A New Translation. Stephen Mitchell.

The Biology of Belief: Unleashing the Power of Consciousness, Matter and Miracles. Bruce H. Lipton.

Field of Dreams (película). Directed by Phil Alden Robinson.

The Force Is With You: Mystical Movie Messages That Inspire Our Lives. Stephen Simon.

I Shall Not Be Moved. Maya Angelou.

The Intention Experiment: Using Your Thoughts to Change Your Life and the World. Lynne McTaggart.

Long Walk to Freedom: The Autobiography of Nelson Mandela. Nelson Mandela.

Man's Search For Meaning. Viktor E. Frankl.

Power Mentoring: How Successful Mentors and Protégés Get the Most Out of Their Relationships. Ellen Ensher and Susan Murphy.

The Power of Hope: The One Essential of Life and Love. Maurice Lamm.

The Power of Now: A Guide to Spiritual Enlightenment. Eckhart Tolle.

The Shawshank Redemption (película). Directed by Frank Darabont.

Paso Diez
Revisa y re-visiona

B.J. of Davenport: The Early Years of Chiropractic. Joseph C. Keating, Jr.

The Celestine Vision: Living the New Spiritual Awareness. James Redfield.

The Cosmic Dancers: Exploring the Physics of Science Fiction. Amit Goswami.

Finding Flow: The Psychology of Engagement with Everyday Life. Mihaly Csikszentmihalyi.

Inspiration: Your Ultimate Calling. Wayne W. Dyer.

A New Earth: Awakening to Your Life's Purpose. Eckhart Tolle.

The Science of Leonardo: Inside the Mind of the Great Genius of the Renaissance. Fritjof Capra.

Way of the Peaceful Warrior: A Book That Changes Lives. Dan Millman.

Bibliografia Seleccionada

Me sería imposible hacer una lista de todos los grandes pensadores, investigadores y escritores cuyas obras han inspirado e influido en la creación de *Creando a Matisse*. Por lo tanto, he limitado esta selección a aquellas publicaciones que más impacto han tenido en mi investigación y en mi proceso de escritura, dando las gracias de manera especial a sus autores y editores. Como he sintetizado las grandes ideas de todas estas fuentes sin parafraseadas, los números de página sólo aparecen en aquellas citas donde se menciona la obra.

Allen, David. *Getting Things Done: The Art of Stress-Free Productivity.* New York: Penguin Books, 2001.

Arntz, William, Betsy Chasse, and Mark Vicente. *What the Bleep Do We Know!? Discovering the Endless Possibilities for Altering Your Everyday Reality.* Deerfield Beach, FL: Health Communications, 2005.

Baker-Receniello, Deborah. *Why It Works: The Science Behind Manifesting Everything You Desire.* Bloomington, IN: AuthorHouse, 2004.

Begley, Sharon. *Train Your Mind, Change Your Brain: How a New Science Reveals Our Extraordinary Potential to Transform Ourselves.* (235) New York: Ballantine Books, 2007.

Bernd, Ed, Jr. *José Silva's UltraMind ESP System: Think Your Way to Success.* Franklin Lakes, NJ: Career Press, 2000.

Bohm, David. *Wholeness and the Implicate Order.* New York: Routledge, 1980.

Byrne, Rhonda. *The Secret.* New York: Simon & Schuster, 2005.

Capacchione, Lucia. *Visioning: Ten Steps to Designing the Life of Your Dreams.* New York: Tarcher/Putnam, 2000.

Capra, Fritjof. *The Tao of Physics: An Exploration of the Parallels between Modern Physics and Eastern Mysticism*. Boston: Shambhala Publications, 1999.

Carlson, Richard. *You Can Feel Good Again: Commonsense Strategies for Releasing Unhappiness and Changing Your Life*. New York: Penguin Books, 1994.

Chopra, Deepak. *The Spontaneous Fulfillment of Desire: Harnessing the Infinite Power of Coincidence*. New York: Three Rivers Press, 2003.

Csikszentmihalyi, Mihaly. *Finding Flow: The Psychology of Engagement with Everyday Life*. New York: Basic Books, 1997.

The Dalai Lama. *An Open Heart: Practicing Compassion in Everyday Life*. Edited by Nicholas Vreeland. New York: Little, Brown & Co., 2001.

———. *The Universe in a Single Atom: The Convergence of Science and Spirituality*. New York: Morgan Road Books, 2005.

Davich, Victor. *8 Minute Meditation: Quiet Your Mind. Change Your Life*. New York: Berkley Publishing Group, 2004.

Davies, P. C. W., ed. and J. R. Brown, ed. *The Ghost in the Atom: A Discussion of the Mysteries of Quantum Physics*. New York: Cambridge University Press, 1999.

Demartini, John F. *Count Your Blessings: The Healing Power of Gratitude and Love*. Carlsbad, CA: Hay House, 2006.

Dispenza, Joe. *Evolve Your Brain: The Science of Changing Your Mind*. (476) Deerfield Beach, FL: Health Communications, 2007.

Dyer, Wayne W. *Inspiration: Your Ultimate Calling*. Carlsbad, CA: Hay House, 2006.

———. *The Power of Intention: Learning to Co-create Your World Your Way*. Carlsbad, CA: Hay House, 2004.

Ferriss, Timothy. *The 4-Hour Workweek: Escape 9–5, Live Anywhere, and Join the New Rich*. New York: Crown, 2007.

Frey, Chuck. *The Mind-Mapping Manifesto*. www.mindmappingmanifesto.com, 2008.

Gawain, Shakti. *Creative Visualization: Use the Power of Your Imagination to Create What You Want in Your Life*. Novato, CA: Nataraj Publishing, 2002.

Goswami, Amit. *The Cosmic Dancers: Exploring the Physics of Science Fiction*. With Maggie Goswami. (146) New York: McGraw-Hill, 1985.

———. *The Self-Aware Universe: How Consciousness Creates the Material World.* New York: Tarcher/Putnam, 1995.

———. *The Visionary Window: A Quantum Physicist's Guide to Enlightenment.* Wheaton, IL: Quest Books, 2000.

Harrison, Holly and Paula Grasdal. *Collage for the Soul: Expressing Hopes and Dreams Through Art.* Gloucester, MA: Rockport Publishers, 2003.

Hay, Louise L. *You Can Heal Your Life.* Carlsbad, CA: Hay House, 2004.

Herbert, Nick. *Quantum Reality: Beyond the New Physics; An Excursion into Metaphysics and the Meaning of Reality.* New York: Anchor Books, 1987.

Jarow, Rick. *Creating the Work You Love: Courage, Commitment, and Career.* Rochester, VT: Destiny Books, 1995.

Jung, Carl. *The Portable Jung.* Edited by Joseph Campbell. (506 & 518) New York: Penguin Books, 1976.

LeDoux, Joseph. *The Emotional Brain: The Mysterious Underpinnings of Emotional Life.* New York: Touchstone, 1996.

———. *Synaptic Self: How Our Brains Become Who We Are.* New York: Penguin Books, 2003.

Leland, Nita and Virginia Lee Williams. *Creative Collage Techniques.* Cincinnati, OH: North Light Books, 2000.

Lipton, Bruce H. *The Biology of Belief: Unleashing the Power of Consciousness, Matter and Miracles.* (70 & 72) Carlsbad, CA: Hay House, 2008.

Maharishi Mahesh Yogi. *Science of Being and Art of Living: Transcendental Meditation.* New York: Plume, 2001.

Mandela, Nelson. *Long Walk to Freedom: The Autobiography of Nelson Mandela.* New York: Back Bay Books, 1995.

McGaugh, James L. *Memory and Emotions: The Making of Lasting Memories.* New York: Columbia University Press, 2003.

Mortenson, Greg and David Oliver Relin. *Three Cups of Tea: One Man's Mission to Promote Peace... One School at a Time.* New York: Viking Penguin, 2006.

Palmer, Bartlett Joshua. *The Bigness of the Fellow Within.* Spartanburg, SC: Sherman College of Straight Chiropractic, 1978.

Peat, David. *Synchronicity: The Bridge Between Matter and Mind.* New York: Bantam Books, 1987.

Pert, Candace B. *Molecules of Emotion: The Science Behind Mind-Body Medicine.* (146–147) New York: Touchstone, 1999.

Radin, Dean. *Entangled Minds: Extrasensory Experiences in a Quantum Reality.* New York: Pocket Books, 2006.

Ramtha. *A Beginner's Guide to Creating Reality: An Introduction to Ramtha and his Teachings.* Yelm, WA: JZK Publishing, 2004.

Restak, Richard. *The Naked Brain: How the Emerging Neurosociety is Changing How We Live, Work, and Love.* New York: Three Rivers Press, 2007.

———. *The New Brain: How the Modern Age is Rewiring Your Mind.* (55) Emmaus, PA: Rodale, 2004.

Rosenblum, Bruce and Fred Kuttner. *Quantum Enigma: Physics Encounters Consciousness.* New York: Oxford University Press, 2006.

Satinover, Jeffrey. *The Quantum Brain: The Search for Freedom and the Next Generation of Man.* New York: John Wiley & Sons, 2001.

Senzon, Simon A. *The Spiritual Writings of B.J. Palmer.* Vol 1, *The Second Chiropractor.* Asheville, NC: privately printed, 2004.

Siegel, Daniel J. *The Mindful Brain: Reflection and Attunement in the Cultivation of Well-Being.* (177) New York: W. W. Norton & Co., 2007.

Stapp, Henry P. *Mindful Universe: Quantum Mechanics and the Participating Observer.* New York: Springer, 2007.

Talbot, Michael. *The Holographic Universe.* (81) New York: HarperCollins, 1992.

Tolle, Eckhart. *The Power of Now: A Guide to Spiritual Enlightenment.* Vancouver: Namaste Publishing, 2004.

Virtue, Doreen. *Healing with the Angels: How the Angels Can Assist You in Every Area of Your Life.* Carlsbad, CA: Hay House, 1999.

Walker, Evan Harris. *The Physics of Consciousness: The Quantum Mind and the Meaning of Life.* New York: Perseus Publishing, 2000.

Webster, Richard. *Creative Visualization for Beginners: Achieve Your Goals & Make Your Dreams Come True.* Woodbury, MN: Llewellyn Publications, 2005.

Wolf, Fred Alan. *Parallel Universes: The Search for Other Worlds.* New York: Simon & Schuster, 1990.

———. *The Spiritual Universe: One Physicist's Vision of Spirit, Soul, Matter, and Self.* (10) Portsmouth, NH: Moment Point Press, 1999.

———. *Star Wave: Mind, Consciousness, and Quantum Physics.*
    New York: Macmillan, 1984.

———. *Taking the Quantum Leap: The New Physics for Non-scientists.*
    New York: Harper & Row, 1989.

Zohar, Danah. *The Quantum Self: Human Nature and Consciousness Defined by the New Physics.* New York: William Morrow & Co., 1990.

Sobre la autora

Michelle Nielsen es doctora en quiropráctica, empresaria y conferenciante. En sus populares cursos ofrece formación a "futuros Maestros Manifestadores" en sus técnicas prácticas y contrastadas de creación de la realidad. También es una investigadora muy innovadora y respetada en su campo profesional, y está involucrada activamente en el desarrollo de la primera universidad quiropráctica de Barcelona.

Recientemente ha sido coautora, junto con Wayne Dyer y otros profesores y líderes del crecimiento personal, de *In Service* (que se publicará en abril de 2009).

Michelle es una ciudadana internacional que vive en España, y está casada con el doctor Adrián Wenban, un compañero excepcional, como demostró usando los principios expuestos en *Creando a Matisse*. A ambos les gusta el snowboard, el surf y jugar con sus preciosos hijos, Matisse y Tahlia.

Este libro se terminó de imprimir el mes de octubre de 2008.

Espero que hayas disfrutado *Creando a Matisse*.
Valoro tu opinón. Por favor toma un momento y
comparte evaluación y comentarios en www.amazon.com.
Muchas gracias.

¡Feliz Manifestación!

www.ingramcontent.com/pod-product-compliance
Lightning Source LLC
Chambersburg PA
CBHW031639040426
42453CB00006B/150